まだまだ　身の下相談にお答えします

上野千鶴子

朝日文庫

本書は、二〇一七年八月〜二〇二一年十月、朝日新聞土曜別刷「be」に掲載された「悩みのるつぼ」（五一回分）を再構成したものです。

まだまだ　身の下相談にお答えします●目次

第1章　父が憎い、母が憎い

第3章　夫のストレス、妻のイライラ

第4章 親業を卒業できない

第5章　おひとりさまでだいじょうぶ？

第6章　ジェンダーは再生産される

まだまだ　身の下相談にお答えします

第1章

父が憎い、母が憎い

1 殺したいほど父が憎い

相談者　高校生男子　一〇代

一〇代、高校生男子です。

父親が憎くてたまりません。殺意さえ湧きます。あの男を父と呼ぶのも嫌なので仮に「男」とさせていただきます。

男は医者で、家の中では「俺は何でも自分でできる」「俺以外はみんなクズ」などと口にし、すべての他人を見下すような性格で、母は昔から苦労させられてきました。それをとがめられると瞬時に逆上し、「誰のおかげで生活させてもらえると思っているんだ」「文句があるなら今すぐ出ていけ」「何もできないガキが生意気な口をきくな、ガキに人権はねえ」と言い、しまいには「こんなこと言うのはてめえの教育のせいだ」などと母に当たり散らします。

子供は親に養育されなければ何もできないので親にはもちろん感謝していますが、父親ってそんなに偉いのでしょうか？　また、世の父親ってみんなこうなのでしょうか？

相手を変えることは無理そうなので周りが何とかすればいいと今まで我慢してきましたが、最近限界に達しそうです。

大学に入ったら家を出るつもりですし、母にも離婚を勧めてみますが、今年は受験を控えているのでそうもいきません。このご時世で、家族が家にいる時間も増えています。

あと一年、どう家で過ごせばよいでしょうか。少々感情的になりましたが、上野先生、回答をお願いいたします。

回答 イヤなものは「視界」に入れないように

ご指名を受けました。わたしが医者の家族と知ってのうえですね、やだ。お気持ちはよ〜くわかります。成績がいいだけで医学部に入り、周りからは「先生、先生」と呼ばれ、上司もおらず、お山の大将になって誰もそれを掣肘《せいちゅう》できず、社会性はなく、お友だちはおらず、家族からは疎まれ……当たってますか。たぶん本人は小心者で孤独なだけですけどね。

女性学は母と娘の関係を主題にしてきましたが、それ以前から課題なのが父と息子の関係。「父殺し」は息子の宿命です。「殺意さえ湧く」のはあなたが成長した証拠。父との力関係が変化してきたからです。でも、実行には移さないでください。「あの男」のために殺人犯の汚名を被って一生をフイにするだけの値打ちがあるのか、と思えば、包丁を持つ手も止まります。

あなたはその父の姿を見てこうはなるまいと反面教師にしたんですね。その時点であなたはすでに父を乗り越えています。父から学んだあなたは父のようにはなりません、安心してください。

問題はあなたと父との力関係の変化がハンパなこと。いずれ父が衰えれば逆転することもあるでしょうが、それまではまだまだ。進学もあるし、教育費も出してもらわなければなりません。それに受験生だから、ますますあなた自身が気持ちの余裕を失っていることでしょう。

イヤなものは視界から消えてもらう……受験勉強を理由にどこかに部屋を借りてくれというのも手かもしれません。図書館から遅く帰るとか、勉強部屋に閉じこもるとか。「大学に入ったら家を出るつもり」なら、あと少しの辛抱と自分に言い聞かせて。

まちがっても母の人生に責任を負おうなんて思っちゃいけません。夫婦のことは夫婦に。父と息子の問題の次に待ちうけている罠《わな》は母と息子の関係です。母の人生に責任を持つのは母だけ。あなたには責任がありません。子どもは家族を卒業するのがしごと。親は親業を卒業するのがしごと。それまでは堂々と「養って」もらってよいのです。

いばりちらして家族から愛されない父が幸せとは到底思えませんし、それに耐えている妻も幸せとは思えません。あなたがホンモノのオトナになったら、父も母もそういう人生しか送れなかったとしみじみ哀れに思うでしょう。ボクはきっと幸せになる。今はそのためには何をしてはならないか、を学んでいる最中だと思ってください。

2　父憎む心、母に植え付けられた

相談者　女性　二〇代

二〇代女性です。

いつも新しい気づきをいただくこちらの欄で、私の相談に乗っていただきたいと思い、メールを差し上げました。どうぞよろしくおねがいいたします。

父親に対する感情がうまく整理できません。

私の両親は長らく家庭内離婚状態で、私は母から、父の過去の愚かなふるまいについて一方的に聞かされてきました。なので父親に対して「嫌いだ」という感情を持っています。

また、日頃の父親の行動や態度も、前時代的な亭主関白を地で行っているように思えて、そのくせに責任感は全くないことも含めて不愉快です。

その一方で、私自身には父親に可愛がられた記憶があるのも確かなのです。

小さい頃に欲しいものをたくさん買ってくれたことや、写真をたくさん撮ってくれたことは、父親としては当たり前のことをしただけだったと思います。でも、そうしたことが良い思い出として残っているせいで、父親を憎むことに罪悪感を覚えてしまいます。

今の私は、母に同調して父を憎むという、自分に関係のない憎しみを抱いている状態だと思います。

その憎しみを手放したいと思いつつも、父親に歩み寄る気持ちも持てません。私はどのように気持ちの整理をつけたらいいのでしょうか。

回答　夫と父、母とあなたを分離しましょう

困った父親を憎めない娘。父親が困った夫なのはあなたの母親に対してであって、あなたに対してではありません。母の憎しみは母のもの。「自分に関係のない憎しみを抱いている」というあなたの自己分析は的確です。「過去の愚かなふるまい」って、きっと不倫なんでしょうねえ。母はそれが許せないのでしょう。富岡多恵子さんの父親はよそに女をつくって、その女性のもとを訪ねる時に幼い娘を伴いました。妻に対するカモフラージュだったかもしれませんが、よそで見る父親は見たこともない魅力的な男。不倫するのも、他の女性から見たらきっとどこかに魅力があるからでしょう。自分を可愛がってくれた父親を、母からどんなにあしざまに言われても、娘は憎むことができ

ません。

「欲しいものをたくさん買ってくれた」のはあなたの喜ぶ顔が見たいから。「写真をたくさん撮ってくれた」のは、あなたが育つ過程に関心があるから。「父親としては当たり前のこと」とは言っても、それさえしない父親もいれば、虐待する父親もいます。

夫としての顔と父としての顔は別人。夫としては最低でも父としては申し分のない人もいますし、夫としても父としても許せないのに、社会的に尊敬されている男性もいます。親の側でも同じ。妻の仕事には無理解でも、娘の就職差別には怒り狂う男親もいます。妻は他人だが、娘は身内だからです。きょうだいによって親の向ける顔が違うこともよくある話。大事なのは父があなたにどんな顔を見せたか。夫と父を分離し、母とあなたを分離しましょう。あなたに同調を強いる母の支配から、そろそろ自立してもよい年齢です。

将来、父の介護が始まったら？　もしかしたら母は、「こんな人の面倒はみたくない」と言うかもしれません。その時あなたはどうしますか？　可愛がってもらった記憶があれば、「お父さんの世話はわたしがする」と言うかもしれませんよ。わたしの父は妻には暴君でしたが、娘の私を可愛がってくれました。未熟な男の未熟な愛でしたが、未熟なりに愛してくれた記憶があるから、父の最期を見届けようと思えました。

世の父親諸君、このお悩み相談から教訓を汲《く》み取ってくださいね。いずれ自分が弱者になった時……因果は廻《めぐ》ります。子どもたちに見捨てられないようにしたければ、まず子どもたちをせいいっぱい愛することですね。

3 父の浮気発覚後の母が見苦しい

相談者　男性　二〇代

二〇代男性です。

父が浮気をしました。僕と母を連れて行かない寿司屋で女性と二人でご飯を食べたらしく、体の関係は無いようです。

そのことに母は激怒し、僕を居間から出しては、話し合いがされていました。

僕は面倒に巻き込まれるのがイヤだったので静観していました。ですが内容は母から聞いていました。

どうやら父は、その女性とメールのやり取りをしていたらしいのですが、そのメールを軒並み削除したらしく、それが更に母を怒らせたようです。

二週間ほどの冷戦を経て、父と母は改めて指輪を新しく発注してはめ、仲直りにと二人で旅行に出たのです。

これで一件落着かと思いきや、母が「女性とのメールを削除していたことがどうしても許せない」とまだ怒りを残していたのです。それを聞いた僕は、さすがにあきれました。

指輪を作って更には仲直りに旅行までして、きっちりとけじめをつけたはずなのに、まだ許していないのです。

我が母ながら見苦しいと感じています。いっそしばらく家を出てシェアハウスにでも行き、頭を冷やしてきてほしいくらいです。

このままだと家の空気が重くて生活ができません。こんな母を、僕はどうすればいいでしょうか。

回答 感情の帳尻が合わぬ限り続く追及

にんまりしちゃいました。「僕と母を連れて行かない寿司屋」って、きっと高級店のカウンターなんでしょうねえ。わたしの行きつけだった京都の板前割《かっ》烹《ぽう》では、大将が「こんなうまいもん、ヨメはんに食わすバカはおらん」と豪語していました。事実、相席する客はワケありのカップルばかり。そんなに高額の投資をしているのですから「体の関係は無い」なんてことはありませんよ。さる事情通によれば、寿司屋と焼き肉屋に来るカップルは「できてる」そうです。それでも「絶対無い」とシラを切り続けるのが男のマナー。覚えておいてください（笑）。

裁判所の和解じゃあるまいし、今後絶対むしかえさない、なんて契約は人間関係の中にはありません。なぜならいくら指輪や旅行をプレゼントされても、感情の帳尻が合わないからです。一生のあいだ、ことあるごとに「あのとき、あなたは」とねちねちとくりかえされる……。それが感情記憶というものです。これも覚えておいてください。

「メールを削除」したことで怒ったたって？　「けじめをつけた」のなら、記憶は消去するのがルールでしょうに。メールを残しておいたらどうなるのでしょうね。動かぬ証拠としてあとから責め続けるための物証を、勝手に証拠隠滅したのが許せないってことでしょうか。そこまで追及の手が深い妻ならなおさら、夫が「体の関係は無い」と言い張ったのは賢明です。島尾敏雄の小説『死の棘』の妻のように、性行為まで微に入り細にわたって追及されますから。この作品の妻は、浮気した夫をことあるごとに追及し、「記憶にない」もウソも許さず、狂気と見紛《みまご》うばかりに追い詰めます。このぐらいの追及力、国会でも野党に持ってほしいものですねえ。

はい、「けじめをつけたはずなのに」「見苦しい」です。でも、その母を見たくないから、母に出て行ってほしい、は本末転倒。それより二〇代にもなった

（そこまで育ててもらった）あなたが家を出て行けばいかが？　どのみち家は両親の家なんでしょう？

いい歳をして両親と同居しているほうが問題でしょう。母をどうこうするのは、息子のあなたの役割ではなく、夫である父の役割。夫婦のことは夫婦間で解決するしかありません。息子であっても立ち入る余地はありません。

夫婦という名の男女の泥仕合を見ながら、あなた自身の将来の夫婦関係について学ぶよい機会ですね。

4 母が不倫!? どうすれば……

相談者　男子高校生　一〇代

男子高校生です。ご相談したいのは母の不倫（疑惑）についてです。

母と父は職場で知り合い、結婚しましたが、その後夫婦間のすれ違いが起きるようになり、微妙な関係が続いています。

そんな母が、週末によく外出するようになりました。そこまではまだよいのです。が、月一回ペースで入る〝同窓会〟に心が少しザワつきました。以前はそんなことは滅多になく、明らかに不自然でした。

そこで私は興味本位で、母が〝同窓会〟で外出中、その母のスマホの位置情報を調べてみました。母の位置は国道沿いのラブホテルでした。

外出前に聞いていた行き先とは程遠く、間違えて入るような場所ではないはずです。

母は真面目で厳しく、かつ優しい人でした。私は母によく叱られました。数え切れないほど迷惑をかけました。それら全てが心労になって母に重くのしかかっていたのでしょうか。

父は恐らく何も気づいていません。母にとっては父はもうどうでもいい人なのでしょうか。

帰ってきた母はいつもと何も変わらないように見えましたが、母を見るたびに裏切られたような悲しさを感じます。母との思い出も全て汚れてしまいそうで、母を疑う自分が嫌になることもあります。これから母とどう接していけばよいのか、ご意見よろしくお願いします。

回答　「女」を封印せよという権利は息子にもない

そうですか、月一回の〝同窓会〟ですか。ほんものの同窓会でも「焼けぼっくいに火がつく」と言われています。それが毎月ならますます燃え上がるでしょうねえ（笑）。

え、ボクには笑い事じゃないって？　だってあなたが冒頭で書いているとおり、とっくに「夫婦はすれ違い」なんでしょう？　「母にとっては父はもうどうでもいい人なのでしょうか」とありますが、「何も気づいていない父」にとっては、「母はもうどうでもいい人」になってしまっているのでしょう。無関心は愛の不在。その母に「どうでもよくない人」が現れたことを、祝福してあげる気持ちにはなれませんか？

そりゃ、そんな気分にはなれないでしょうねえ。家族が解体すればもっとも被害を受けるのは子どもです。ほんとは「母にとってはボクはどうでもいい人なんでしょうか」と言いたいんでしょう。それに子ども、特に息子は、母が「女」になることを認めたくないものです。

ですがあなたも高校生。進学したら家を出て行くのでしょう？　あとほんの少しでオトナです。社会人になってから母の不倫を知っても母を責めますか？これが父の不倫だったらどうでしょう？　そしてあなたが娘だったら？

母がこんなにばれやすいウソをついてまで隠し通しているのは、今のところ(もしかしたらあなたが成人するまでのあいだ)家庭を壊したくないからでしょう。そのうち時期を見て、離婚を切り出すかもしれません。

高校生の母ならまだ四〇代か五〇代。その母に一生「女であること」を封印せよという権利は、たとえ息子のあなたであってもありません。それにあなたがオトナになった後にも、母の人生はまだまだ続きます。その母に幸せになってほしいとは思いませんか？

まだ恋をしたこともないだろうあなた。恋愛は脆《もろ》いものです。あなたの母の

「婚外恋愛」だっていつまで続くかわかりません。恋に破れて帰ってくるかもしれない母に、その恋がないよりあったほうが彼女の人生にとって豊かだと思ってあげる……には、あと一〇年くらいかかるでしょうねえ。

苦しいでしょうが、母をひとりの女性として認めてあげてください。そして母が懸命に秘密にしているものを、守ってあげてください。今問い詰めたらかえって家族を壊すことになります。後になって「ボクは知ってたよ」と共犯者になる楽しみもあります。

5 母を家族から追放したい

相談者　女性　二〇代

二〇代女性です。現在、父、母、姉と実家暮らしをしています。母を家族から追放する方法を考えていただきたくて、投稿しております。

母は、姉と私が生まれる前から新興宗教への入信を決めていて、信仰の自由を与えてはくれませんでした。家族が信仰せず、自分の思い通りにならないと、怒りや涙で家族をコントロールしようとしました。

小学生の頃、勉強を教えながら「何でも聞いて」と言ったのに、いざ聞くと「なぜこんな問題もわからないの」と怒られたことは今でも忘れません。そんな母の下《もと》で育った私たちは、「他人からも怒られるのではないか」と、いつも恐れながら人とつき合い、良好な人間関係をなかなか築けません。

母の性格についていけない周囲の人々は離れていけますが、私は毎日「殺したい」と思いながら顔を合わせ、服を洗濯したり、父と姉のために作った食事を勝手に食べられたりしなければなりません。毎日苦痛です。

母を家族から追放するために、父がＤＶをして離婚に持ち込む、私が母の面倒をみないなど思考を巡らせましたが、どれもリスクが大きすぎて実行までには至っていません。できれば母が勝手に家を出ていく理想的な方法はないだろうかと願ってしまいます。勝手な願いで恐縮ではございますが、どうか回答をよろしくお願い致します。

回答　あなたが家族から自立して

ふしぎなご質問です。お母さん以外のご家族が結束して母を追放したいと思っておられるのですか?　あなたがご家族を代表して、相談をなさっているのでしょうか?

家族は一枚岩ではありません。ひとりひとり別人格。それぞれの関係も違いますし、言い分も違うでしょう。子どもをふたり作り、この年齢まで家庭を維持してきたお父さんには、夫として離婚しない理由が何かあるのでしょうし、姉があなたと同じように感じているとは限りません。父にDV夫になってもらうとは穏やかではありません。自分の母親が夫に殴る蹴るされる姿を見たいですか?

あなたは母といるのがそれほどイヤなんですね。それなら簡単。あなただけが家を出て行けばよいのです。それができないのは、母抜きの家族なら、あなたが平穏に過ごせるから。たぶん家賃もタダ、生活費も父に面倒みてもらっているのでしょう。自分が家族から自立したいという思いを、「母を追放したい」という思いと取り違えてはいけません。自立にはコストがかかります。それを引き受けずに（母を含む）家族がイヤ、と言ってもムダ。

あなたが父と姉とはうまくいっているなら、そしてその父と姉も母を嫌っているなら、そのうちあなたを追って、姉が出て行くかもしれません。最後は父も家を出るかもしれません。そうなったら少し広い家を借りて、父娘三人で仲良く暮らせばいいじゃないですか。年金はたぶん父についているだろうし、娘ふたりが働けば、どうにでもなりますよ。そうすれば結果として家族から「母を追放」したことになります。

はは～ん、母を「家族から追放したい」のではなく「家から追放したい」、つまり今の家を手放したくないんですね。あなたの家じゃなし、いずれ出て行くのが子どもの運命。親の方に先住権があります。親の家をアテにするのはおやめなさい。

仮にもしあなたが出て行っても、姉は出て行くとは限りませんし、父も妻のもとにとどまるかもしれません。夫婦は謎。なぜ一緒にいるかは、子どものあなたにもわからないものです。

どうやらあなたの課題は自立にありそうです。本当のお悩みは、しばしば他を責めることで成り立つ他のお悩みに隠れているもの。今の家族の相互依存に安住したまま、そこから母だけをババ抜きしようたってそうはいきません。あなたが自分自身の問題に向き合うよう願っております。

6　実家がゴミ屋敷です

相談者　女性　二〇代

二〇代女性です。助けてください。実家がゴミ屋敷です。

父と母は教師で、どちらも六〇歳を過ぎていますが、まだ働いています。

私が住んでいた頃は、新築ということもありとても片付いていたのですが、今ではもう歩くところがないほどにモノであふれかえっています。両親は何年も夕ンスにしまわれない衣類や書籍と一緒に寝ています。

洗面所は封も開けていない試供品や家電に占領され、お風呂はカビだらけ。換気をしないため、部屋中が飼い猫の毛やほこりまみれです。実家に帰るたびに悲しい気分になります。

父と母は怒りっぽく、イライラすることがあると黙り込んだり、机をたたきながらヒステリックに怒鳴ったりします。一度、部屋の片付けを勧めた時に父の機嫌を損ねてしまい、それ以来言い出せずにいます。

それでも両親は立派な人間です。私と兄は私立の学校ばかり行っていましたが、学費のことは何も言わず、大学生の時は下宿の家賃と生活費を出してくれていました。小さい頃は時間があれば海外旅行に連れていってくれ、その時の経験が今の私の仕事を始めるきっかけになり、とても感謝しています。

このまま放っておいてもいいものでしょうか。また行動を起こすとしたらどんな方法があるでしょうか。どうかアドバイスをお願い致します。

回答　あなたが親を好きにさせてあげる番です

　冒頭、「助けてください」とありますが、ご本人からの要請でない限り、誰にも助けてあげることはできません。ご両親がその状態に困っておられないなら、あなたが助けを求める理由はありません。あなたはあくまでたまに訪ねる部外者。あなたご自身は何に困っているのですか？　見るのがつらい？　なら、見ないようにすることです。

　どんなひとにも暮らしの流儀というものがあります。ハタからゴミ屋敷に見えても、片付かないのが快適なひともいます。片付いた部屋では落ち着かないひとも。幸い、ご両親はふたりとも片付かない状況に対する許容度は同じご様子。これが違えば夫婦のあいだで葛藤が起きるでしょうが、そういうこともなさそう。似た者夫婦なのでしょう。それにふたりとも同じような気性の持ち主のようですし。「怒りっぽい」のは怒ってよい強者の立場に立ち続けた結果。教師稼業のメンタリティかも。

とまあ、大人になって両親の暮らしぶりやふるまいを見てさまざまな問題があるにもかかわらず、あなたはご両親を「立派な人間」と尊敬しておられます。片付かない家や怒りっぽい性格を割り引いても、人間的に尊敬できるところがあるからでしょう。子どもの人生を支配したり介入したりせず、好きなことをやらせてくれたんですね。今度はあなたの方が、親の生活をコントロールしたり介入したりせず、親の好きなようにさせてあげる番です。

試供品さえ捨てられないのは何もなかった時代の節約癖のせい、本が床に積み上がるのは愛書家の常、衣服が散乱しているのはその方が便利だから、お風呂のカビは換気の悪い家にはつきもの、猫の毛にまみれているのは猫っかわいがりしているからでしょう。それぞれに理由があって、第三者が手を出せば怒るのは当然。ほこりやごみで死ぬことはめったにありません。そこはあなたが寛容になりましょう。親といえども別の家、あなたの家ではありません。

両親の家にいるのがあなたにとって不愉快なら、外で会うようにすればよいでしょう。子どもの言うことは聞かなくても、第三者の言うことなら耳を傾けるかもしれません。最近の片付けのノウハウ本などプレゼントしてはいかが？いずれご両親のどちらかが要介護状態になった時に、「これじゃヘルパーさんが家に入れないわよ」と片付けに取り組みましょう。それまではあきらめてください。

7 母と価値観が合わない

相談者 女性 四〇代

四〇代、バリキャリ（バリバリのキャリアウーマン）の専門職です。二〇代で都心にマンションを買い、今も独身で、同年代男性以上の収入があります。

一年に数回は趣味の海外旅行を楽しみ、一緒に行ってくれる友人もいますし、旅行する分には困らない程度の語学力もあります。自分の稼ぎで衣食住を賄《まかな》えることに誇りを感じており、大きな不満もありません。

最近父が病気で急逝し、七〇歳を超えた母が残されました。相談はその母のことです。就労経験のない母は、自分で何も決められません。待ち合わせの日時も場所も、旅行では宿も食事も、立ち寄る名所もすべておんぶにだっこ。けれど不平不満は口にします。

私は自分で考えない人が嫌いで、昔から母と意見が合いませんでした。公務員を数年勤めたら結婚して専業主婦になるような娘が欲しかった母と、年収が上がることにアイデンティティーを見いだしている私では妥協点がないように思います。

父とは仲が良く、その父の遺言でもあり、母の面倒は見たいのですが、本も読まず映画も見ず、人の悪口と自分が哀れであることにしか興味がない母との時間がとても苦痛です。一方で老いた母につらく当たってしまう自分はもっと嫌なのです。

今後一〇年か二〇年、私はどのように母に接してゆけばいいのでしょうか。

回答　「老いては子に従う」は弱者の生存戦略

四〇代、おひとりさま。バリキャリで経済力もあり、マンションも確保し、友人にも恵まれ、海外旅行も謳歌《おうか》していらっしゃるご様子。おひとりさま資源をたっぷり持った理想のおひとりさま、ですね。

自分ひとりのことならなんとかなる、でも親とのつきあいはどうにもならない……お悩みはわかります。あなたは父に依存しっぱなしだった専業主婦の母を反面教師として、たぶん母の隠れた望みを達成してしまったのですね。

「三従の教え」には、女は子どもの時は父に従い、嫁《か》しては夫に従い、老いては子に従う、とあります。この「子」とは息子のこと。あなたが息子だったら話は簡単でしょう。

母が求めているのは、夫代わりに自分に指示をしてくれる誰か。父の「遺言」も「ボクに代わって母さんの面倒を見てくれ」だったでしょうから、あなたに期待されているのは息子の役割。それを期待するには結婚していないおひとりさまの娘はもっけの幸い。あなたはきっとご両親にとっては「女の顔をした息子」なんでしょう。そして息子なら四の五の言わず「母さん、それはこうするんだよ」「ああすればいいんだよ」とためらいなく命じるでしょう。でもあなたは息子ではなく娘。同性として反面教師にしてきた、そんな依存的で指示待ち人間の母の姿を見ているのがイヤなんですね。

お母さんにもきっとご自分の意思はあったと思いますが、なんでも夫任せにし、その責任も夫に押しつけてきたのは弱者の生存戦略です。お母さんはご自分の立場をよくわきまえておられるから、夫の死後、依存先をあなたに乗り換えたのでしょう。

これを根本的に解決するには、お母さんに弱者であることから脱してもらわなければなりません。幸い遺族年金も持ち家もおありでしょうし、家計まであなたに委ねているわけではないのでしょう？　「お母さんの自由に使っていいのよ。好きなことやれば」と自立を促してはいかが？　味を占めたら後家楽《ごけらく》で大化けなさるかもしれませんよ。

とはいえ、これから先、加齢が進めば介護が待っています。そのときに自己主張する年寄りより、唯々諾々《いいだくだく》と子どもに従う年寄りの方が扱いやすいのも事実。あなたの必殺ワザは「お母さん、わたしがいいように考えてあげるから、わたしの言うとおりにしたらいいのよ」ということ。

母の自立と依存、この「究極の選択」のどちらを選びますか?

8　つらい子ども時代、忘れられず

相談者　女性　二六歳

二六歳の女性です。

私の両親は飲食店を経営していました。そのため、子どもの頃はいわゆる鍵っ子で、土日は祖父母の家に預けられていました。ある日、友達から「日曜日に水族館に行ったんだ」とお土産をもらいました。

それから「休みの日に家族と出かけられるなんて、なんて幸せな生活なんだ。それなのに自分は、なんて寂しい生活を送っているんだ」と思うようになりました。寂しいから相手をしてほしいと母に伝えても、「仕事だから仕方ない、子どもたちのために働いているんだ、他の家の子と比べるな、大人になったら分かる」と言われるだけ。しかしながら、子どもの私にはそんな大人の言い分など理解できるはずもありませんでした。

二六歳になった現在でも、それを理解できずにいます。当時の状況を思い出すと、涙がでてくることも。もっと両親が私と一緒にいてくれたら、違う人生になっていたのではないかと、心の中で両親を責めることもあります。大学まで行かせてもらい、両親にはとても感謝していますし、家族仲良く生活していますが、あのつらい生活をしなければならなかったことだけ許すことができないのです。

あのつらい状況を誰かに理解してほしいという気持ちを持っていること、そしてそれを引きずって生きている自分を恥ずかしく思います。

回答　「幸せ家族」の舞台裏を見て

人間って、自分が持たないものを羨《うらや》むものですねえ。ご両親がそろい、働き者で子どもを大学まで行かせ、祖父母とも交流があり、家族が仲良い、なんて他人も羨むご家族。何がご不満なんだろうと思いますが。

飲食店経営なら、ひとが休む時間に働かなければなりません。それを「寂しい」と思う子どもがいるのは無理もありませんが、「よそと比べるな」とご両親がおっしゃるのはごもっとも。幸も不幸もその多くは、他人と比べるからこそ。ご自分が持たないものではなく、持っているもののありがたさを感じるように……と回答すれば、どこかの宗教家のようですね。

親に休みごとに連れ歩かれた子どもには、子どもの言い分があるかもしれません。行きたくないのに動物園や水族館に連れて行かれて、楽しそうな顔をするのに疲れたし、好きでもない縫いぐるみを買ってもらって、親の顔色を見てうれしそうにふるまう術も身につけた。帰ったらお父さんは「ゴルフに行きたかったのに、家族サービスさせられた」と不機嫌だったし、お母さんは疲れているのは同じなのに、帰ったらすぐ炊事をするのは私、とぶつぶつ文句を言う……なんていうのが、案外「幸せそうな家族」の舞台裏かもしれませんよ。

わたしの父は「団欒《だんらん》」が好きでした。子どもの頃、食卓で「さあ団欒しよう、今日は学校で何があったか言ってごらん」と言われる度に、なんでそんなことを親に言わなきゃならないのか、心底うんざりしたものです。ひとの羨む団欒だってこんなもの。あとで団欒が明治時代に日本に入った習慣で、前近代には食卓で口をきいてはなりませんという躾《しつけ》があったと知り、その方がよかったかもと思ったり。

よい方法があります。生まれた家族は選べませんが、自分がつくる家族は選べます。そんなにつらかったのなら、自分の子どもには寂しい思いをさせないよう、さんざん外へ連れ歩きましょう。そうやって育った子どもが、お父さん、お母さんは楽しそうだったけど、それに合わせるボク・ワタシは子どもながらにたいへんだったなあ……なんて後から思うかもしれませんよ。それに親と一緒に出かけようと言われて応じるのは、せいぜい中学生まで。それ以上になっても親と出歩きたい子どもがいたら、問題があると思った方がいいでしょう。因果はめぐる……。子育ては何を選んでも、子どもにとって百点満点はありません。

9 母と音信不通のままでいい？

相談者　女性　五〇代

五〇代女性です。もう五年以上実母と音信不通です。

父が事業の失敗を機に愛人女性の元へ去った時、私はまだ二〇歳そこそこでした。以来物心両面で母を助け、サラリーマン家庭の専業主婦となって夫の親と暮らすようになっても、ずっと支え続けてきました。

両親は七〇代になってようやく離婚したものの、家を巡って八〇を過ぎてももめていたので、私は弁護士や税理士との交渉に奔走しました。いつのまにか私は母にとって頭の上がらない煙たい存在になってしまったようです。ようやくすべて解決し、家を売却したお金を手にすると、行く末を妹に委ねると決めて去っていきました。たった一言のねぎらいの言葉も残さずに。

母の口からではなく、たまたまネット検索で売却を知った時はがくぜんとする思いでした。

娘としてやるべきことはやってきましたし、母と離れて初めて心の安らぎを得たことも事実です。遠からず訪れる母の死を静かに受け止めるためにも、この五年が必要だったという気もします。母は私のことなど思い出すこともないのでしょうから、このまま静かに忘れ去られることが最後の親孝行かとも思います。ただ、もう生きている顔は見られないのかと思うと、本当にこれでいいのかと心が揺れてしまいます。

上野先生にご助言いただけましたら、ありがたく存じます。

回答　愛し合えない親子はいっぱいいる

熟年離婚した母を支え続けてきた長女。その長女の献身に報いない母。「音信不通」とのことですが、母の側が選んだことのようですね。母のために確保した家を、そのために奔走したあなたには知らせずに売却し、全額を手に入れて、妹のもとへ去った母。それが母の選択なら、受けいれるしかないでしょう。残された全財産と母とを妹が引き受けたのなら、こんな言い方はナンですが、もっけの幸い。あなたに遺産は残らない代わりに、介護の負担もかかりません。妹からも何の連絡もないなら、そのままそっとしておきましょう。

その状態をあなた自身がこんなふうに受けいれています。「娘としてやるべきことはやってきた」。「母と離れて初めて心の安らぎを得た」。その穏やかな気持ちをかき乱してまで、あなたが手に入れたいものは何でしょう？

「本当にこれでいいのか」と自問するあなたの気持ちを腑《ふ》分《わ》けしてみましょう。娘としての義務感？　それとも母への愛情？　あるいは親からありがとうやごめんなさいを言ってもらいたい？　妹を選んだことに対する嫉妬心？

義務はじゅうぶん果たしました。母への愛情も母からの愛情も、あまりなさそうです。たとえ認めたくなくても、その事実を認めましょう。愛し合えない親子はいっぱいいます。これまでのふるまいから見て、高齢の母がありがとうやごめんなさいを言う「奇跡」が起きる可能性は低そうです。妹に嫉妬心があったとしても、それじゃ、母があなたを選んだとしたらどうでしょうか？　あなたにとって母が負担であったことは文面からも読み取れます。

「このまま静かに忘れ去られることが最後の親孝行かとも思います」とあなたは書いておられます。この文章が受動態であることが気になります。ほんとは「このまま静かに忘れ去ることがわたしの平穏かとも思います」と書くにしのびなかったのでしょう。

この世でたったひとりの母と娘。「お互いに忘れ去る」ことなどできるはずはありません。ですが会う会わないは互いの選択。必要があれば先方から連絡してくるでしょう。その時のために、返事が来ることをあてにせず、時候のあいさつを欠かさず、いつでも会う用意はあることを示しておきましょう。もしあなたが次に母に会うのが「死に顔」だとしたら……それが母の選択だったと、肩から母という名の重荷を下ろしてやりましょう。

第2章　家族は選べない

10 兄を許せぬ、大人げない？

相談者 女性 五〇代

五〇代女性です。一つ違いの兄がいます。子どもの頃はいつも一緒に遊んでいました。男の子の遊びですから、プロレスやボクシングの技をかけられ地面にたたきつけられました。泣けば、親が「キーキー泣かせるな」としか注意しません。髪をつかんで振り回されたこともあります。首を絞められ、吐いたことも。中学に入り、少しずつ減っていきましたが、三〇代になって一度だけ、正月に意見の行き違いで殴られました。一緒にいた家族の手前、その時は和やかなフリをしてごまかしました。

先日家に来た際に、何もしていないのに、いきなり背後から怒声を浴びせられました。背中を通り魔に刺された気分でした。意味がわからなかったのですが、私は手にしていたスマホと冊子を床に投げつけました。にらみつけると、勝ち目がないと思ったのか、パフォーマンスで土下座して出ていきました。

今まで自分をだましだましやり過ごしてきましたが、もう無理です。今までの暴力の度に尊厳をふみにじられ、心の中までズタズタになったことがよみがえってきたのです。

母によると、兄は反省はしているそうです。また母いわく、最近少しうつ状態らしいです。それを聞いても、兄を許せない私、大人げないでしょうか。どうしたら許せますか？　上野先生、どうか教えてください。

回答　理不尽な暴力の記憶が消えることはない

子どもの頃に、近親者から性暴力を受ける女性が少なからずいることは知られてきましたが、もっと単純な暴力を受ける子どもたちはたくさんいるんでしょうねえ。子どもの世界は弱肉強食、野蛮です。それにあなたの兄がしたことはたんなる弱い者いじめ。親を殴ったり、よその人に暴力をふるったりする暴力的な性格の男性ではないのでしょう?

一つ違いのきょうだいって、ライバル意識が激しいものです。もしあなたが弟なら、たぶん体格が大きくなるにしたがって兄の暴力はやむでしょう。抵抗しない妹だからいくつになっても続くだけ。「勝ち目がない」とわかればやめるのなら、弱い者いじめそのものです。心配なのは、兄の妻と子どもも暴力の犠牲になっているかもしれないということ。妹にそれだけ粗暴なふるまいをする男が、妻や子どもにはそうしないというのは考えにくい。本人たちに尋ねてごらんなさい。

理不尽な暴力の記憶は、大きくなっても消えないもの。「尊厳をふみにじられ、心の中までズタズタになる」のも無理はありません。加害者が考える以上に、被害者は傷ついています。きょうだいならばみな仲がよいなんて神話。もし、これが弟なら、弟は兄を憎みぬくでしょう。もしくは兄に学んで、兄と同じような暴力的な男になるか。これが父親の暴力でも同じです。

どちらにしても「相手を許し」たりしないでしょうから、妹のあなたが「許せない私」は「大人げないでしょうか」などと自責の念に駆られる必要は少しもありません。

兄から妹への暴力もDVの一種。許す必要はまったくありませんが、兄が謝罪してくれれば、あなたは許しますか？　DV研究からわかっていることは、加害者が反省したり変化したりすることは望み薄なこと。きょうだいは他人の始まり、とも言います。親とは縁が切れなくても、きょうだいとは距離を置くことができますから、盆暮れの儀礼的なつきあい以外はしない、と決めてもかまいません。

問題はこの先、あなたのご両親の介護が始まるかもしれないこと。そうなったら、介護の意思決定や調整に、兄との接触が増えるでしょう。そういう時には、ケアマネなど第三者に立ち会ってもらったり、あいだに仲介者を立てて直接接触しないようにしてはどうでしょう。「お兄ちゃん、何か言うとすぐ手が出て怖いから」と被害者の立場に立っておくのも手ですね。

11 介護がいる弟の死を望んでしまう

相談者　女性　四〇代

四〇代女性です。弟の死を望んでしまいます。

弟は周りの忠告も聞かず糖尿病を悪化させて視力を失い、透析に通っています。ほぼ寝たきりの状態を一〇年間世話をしていた母が要介護状態となり、近所に住む独身の姉である私が二人の家事、介護をしています。私は夕方からの勤務になりそれまで世話が続きます。

ヘルパーの利用や様々な社会的支援の助けがありますが、何よりストレスなのは、弟の言葉です。弟の下の世話や嘔吐《おうと》の処理、夜中の汚物の始末。ほんとに嫌です。嫌だけど、気持ち悪いけど、だからと言って片付けなかったことは一度もありません。睡眠を妨げられ、寝不足になって疲れて、私は不機嫌になります。「おはよう」と声を出す気にもなりません。弟への態度も冷たくなります。

そんな私を弟は「言葉がきつい、愛情がない、冷たい人間だ」といいます。私は冷たい人間でしょうか。そのたびに心で「死ね！　死んでしまえ」と思います。本当に手を出しそうになるのを必死に理性で抑えます。私の目は鬼のようにつり上がっていると思います。

行政に相談しろとか、ひとりで抱えないでとか、きれいごとの回答はしないでください。私が面倒を見るしかないのです。私はずっと、かつては仲のよかった弟に対し「死ね！」と思い続けるしかないのでしょうか。

回答　やさしさはゆとりがないと生まれない

要介護の母と障害のある弟の多重介護。そりゃたいへんでしょう。こういう時には、結婚していないシングルの娘に介護要員が最優先に割り振られるのもよくある話。

「行政に相談しろとか、ひとりで抱えないでとか、きれい事の回答はしないで」と先手を打たれて、回答のハードルが上がりました。「私が面倒を見るしかないのです」とありますが、自ら選択肢を狭めることはありません。

「弟を世話していた母」が要介護になったせいで、ふたり分の介護が一挙に押し寄せたんですね。まず母の介護と弟の介助を切り分けましょう。あなたは母の介護をイヤだとは感じていらっしゃらないご様子ですね。イヤなのは弟の介助。イヤだと感じながらもイヤなお世話もやってしまう責任感の強さを感じます。

弟さんならあなたより若いはず。なのに不摂生から糖尿病由来の失明をしたことに、自己責任を問いたくなってしまう。弟とはいえ異性、その下の世話や汚物の処理をしなければならないのがつらい。

この若さで一〇年寝たきり、透析、失明の絶望の日々を送っておられる弟さんからは、周囲に当たる言葉も出ることでしょう。それを向けられたあなたからも、つい「きつい言葉」も出るでしょう。お察しもうしあげます。

それにしても「死ね」は埒《らち》の外。「目の前から消えてなくなれ」という気持ちの言い換えですね？ それなら目の前から消えてもらいましょう。あなたがやるべきことは、母の介護と弟の介助を分離すること。そのためには弟さんに世帯分離をしてもらわなければなりません。

えー、そんなことできるか、って？ 失明で透析治療中なら身体障害者手帳1級に該当しますから、障害年金を受け取れます。障害者総合支援法の対象となり、支援費のサービスを受けられます。介護保険のサービスよりずっと有利です。必要なら生活保護も受けてもらいましょう。

二四時間介助の必要な重度の障害のある人も自立生活をしています。いずれ母亡き後は、弟さんは母抜きの生活を送らなければならないのですから、それがちょっと早く来るだけ、と思えば。

「かつては仲のよかった弟」と書くあなたには、不如意《ふにょい》に陥った弟さんを不憫《ふびん》に思う気持ちもあるはずです。やさしさはゆとりがないと生まれません。距離を置けば、あなたにも、もともとあったやさしい気持ちが湧いてくるでしょう。

12 義母から感謝の言葉がない

相談者　男性　五〇代

賃貸アパート経営をしている五〇代男性です。先日、妻の母親のテレビが壊れ、すぐに買って欲しいと義母から頼まれて、ネットで購入しました。

それから一週間後、実母と義母の新しいテレビの話題になったので、詳しく聞くと、義母からは「買ってもらった」という趣旨の発言はなく、以前ベッドや洗濯機などを買ってあげた時と同様に、義母自身が購入したような口ぶりだったそうです。

その後、私がテレビの様子を尋ねると、「よく映っているよ」というものの、お礼の一言もありませんでした。私はまた「やっぱり……」という気持ちになりました。

妻の話では、義母に対する金銭的な援助などは私からだけ。妻の姉夫婦は、義母にしていないとのことです。義母は近隣の、私の賃貸アパートに住んでいます。それならば義姉から「母がお世話になっています」等の言葉をいただいてもいいのではないか？　とも正直、思います。毎日、午後、洗濯物を畳みに来てくれ、子供のお世話や時々留守番などもしてもらっています。義母には感謝しています。自分の母親のように大切にしたい気持ちはありますが、しっくりとこない気持ちが私のどこかにあります。

今後、義母や義姉とも平和に付き合いたいですが、このわり切れない気持ちはどのようにおさめたらよいのでしょうか。

回答　「息子」扱いされているだけまし

義母にテレビを買ってあげた、自分が経営する賃貸アパートにも住まわせ、金銭的な援助もしている……なのに感謝のことばがない。これが実母なら、どうでしょうか。やっぱり「わりきれない思い」がしますか？　洗濯物畳みや孫の世話に来てくれる義母に、あなたの妻はそのつどありがとうを言っていますか？

以前、ファミリー・アイデンティティ調査をしたことがあります。ひとはどの範囲までを家族と考えているか、同じ家族でも、その範囲に個人差があることがわかりました。義父母と同じ敷地内に同居している婿養子の夫は、自分の妻と子だけを「家族」と思っているのに対し、義母のほうは自分たち夫婦と娘と孫を「家族」と思っている。つまり、娘の夫はとりはずし可能なパーツ扱いでした。

ミウチなら助け合うのはあたりまえ。お礼のことばは水くさい、と義母は思っているのかもしれません。それに姉妹しかいないことを承知で結婚した娘の夫なら、婿として義母の面倒を見るのが当然。姉妹のうち経済的にゆとりのあるほうが金を出すのが道理……。というのがこれまでの家族規範でした。

他方、五〇代のあなたの家族規範はとっくに変化しています。個人と結婚したのであって、家と結婚したわけではない、きょうだいがいたら親の世話は分担してあたりまえ。娘の夫は赤の他人、他人の世話になれば感謝して当然……。これでは異文化摩擦が起きるのも無理はありません。

家族規範は世代や地域で大きく異なります。思い出すのは田辺聖子さんの逸話。敷地内に隠居所を建てて面倒を見たお母さまは「長男がおりながら娘の世話になるとは情けない」とぐちをこぼし続け、最期まで感謝のことばがなかったとか。それにくらべれば義母は、あなたを「息子」扱いしているだけまし。

年老いたひとの価値観を変えるのは至難のワザ。でも同世代の妻ならあなたの気持ちをわかってくれるのでは？　妻から「いつもあなたに感謝しているのよ」ということばがあれば、あなたは報われますか？　その代わり、義母に孫の世話や留守番をやってもらったら、そのつどお礼をしたり、感謝のことばを伝えたり、妻にも多少他人行儀にふるまってもらいましょう。もし妻の考えが義母と同じなら……国際結婚と観念して、異文化共生に耐えましょう。向こうだって、あなたという異文化に耐えているかもしれないのですから。

13 義母の死後に分かった不倫

相談者　女性　四〇代

四〇代女性です。数年前、義母が脳出血で亡くなりました。七〇歳過ぎでした。生前の義母はボランティアなどに通い、友人との交流が盛んな人でした。その半面、家事はしない、毎日出歩くということで、義父とはよく衝突していたようです。お葬式には友人が大勢参列していました。その中の女性から、義母が家族の内部事情や悪口をたくさん話していたと聞かされました。

主人から葬式費用は数百万だったと聞いて驚きました。義母が生前に契約し、遺言にも残していたため、尊重したそうです。費用は義父が支払いました。その義父は、義母が勧めるままに違う葬儀場で大変質素な式を契約しています。預貯金を確認しましたら、義母が使い込んでいたらしく、ほとんど残っていませんでした。

遺品からは見知らぬ男性との写真やプレゼントがたくさん出てきました。派手な水着を着た義母や、旅館でのツーショット、男性の局部の写真もあり、気分が悪くなりました。その男性は葬式に参列していました。

この件で家族は皆大変傷つきました。義母も一人の人間ですし、色々あって当たり前だと思いますが、強欲で義父や息子たちへの思いやりのかけらもない義母に対していまだに冥福を祈ることができません。どう気持ちの整理をつければ良いか、アドバイスをお願い致します。

回答　実母だったら同情が湧くのでは？

ふーん、義母が脳出血で突然死、死後に不倫の証拠となる遺品が次々に出てきたんですって。くわばらくわばら。やっぱり突然死よりゆっくり死の方が、遺《のこ》された家族の平安のためにもよさそうですねえ。問題のある遺品の整理や断捨離をする余裕がありますから。読者のみなさま、この投稿から教訓をくみ取ってくださいね。

自分の葬式は派手に、夫の葬式は質素に、と準備をしておられたとか。合理的だと思います。ふつう妻は夫が先立つと予想していますから、自分が生きているあいだはお金を使わないように、その後で自分が死んだら友人たちに集まってもらってにぎやかに送ってもらいたい、と思われたのでしょう。本当は逆なんですけどね。葬儀に来るのは遺族のため。社交家の妻が遺る方が参列者は多いでしょうに。それが番狂わせになるとは。それでも夫が妻の遺志に従ったのは、愛があるから？

夫とうまくいかない妻が出歩いて友人が多いのは何より。家にこもって鬱々《うつうつ》と冷戦状態にあるよりずっとまし。その友人のなかに異性の友人だっているでしょう。食事だけでなくベッドを共にすることだってあるでしょう。それが何か？　夫はそれに気づかないほど鈍感だったのですし、気づいても離婚しようと思わなかったのかも。

「家族は皆大変傷つきました」とありますが、その「家族」とはどなた？　ひとりひとり、傷つき方が違うはず。いちばん傷ついたのはたぶん息子であるあなたの夫？　それとも義父？　もっとも傷つき方が少ないのはあなたのはずです。だってしょせん他人ですもの。それに「家族の悪口」「預貯金の使い込み」「不倫」はすべて没後にわかったこと。生前には老夫婦ふたり暮らしで、あなたに面倒をかけることもなかったなら、何の文句もないでしょう。

あなたに夫に対する愛情があるなら……夫の傷つきに耳を傾け、嘆きを共にしてあげてはいかが？　義父の傷はその息子が共有してあげたらいいでしょう。オヤジも大変だったね、と。とはいえ、夫婦のことは夫婦にしかわかりません。義父は存外承知していたかも。

もしこれが義母でなくあなたの実母だったら？　もしかしたらあなたにも同情が湧くのではないでしょうか。そして『マディソン郡の橋』のように、「お母さん、よい思い出があってよかったわね」と言ってあげたくなるかもしれませんよ。

14 障害児を一人で育てるには?

相談者 女性 四〇代

上野先生、愚かな四〇代母の悩みを聞いてください。我が子は最重度の心身障害のある幼児です。寝たきり・人工呼吸器ですが、時間をかけて、福祉の枠組みや信頼できる病院、療育施設をようやく確保し、家庭で過ごせるようになりました。夫の努力もあり、子どもは入院がちだった頃よりも表情が豊かで穏やかです。発語も笑顔もなく、全てに介護が必要な子ですが、いとおしくてなりません。

しかし、夫が私との関係に不満を抱くようになり、結婚生活を維持するのが難しくなってきました。私と一緒に暮らしたくないそうです。

相談は、生活保護などを受けて子どもの在宅生活を維持するか、施設に入れるかです。

施設は遠方で、私も働き始めれば、我が子には滅多に会えなくなります。きめ細かなケアや家庭生活は失われ、最悪、虐待も気がかりです。ただ、自分の本音が、「子を捨てた母親になりたくない」という見栄や自分の身勝手な罪悪感なのではないかとも恐れています。

他方、頑張っても本当に一人で子どもを育てられるのか非常に不安ですし、心身の疲れや将来への不安も拭いがたいです。ケアが複雑なため頼れる身内や友人はいないのが現状です。

死んだ方が楽ではと思うほど苦しいです。どうしたら自分の気持ちを見極め、正しく決断できるでしょうか。

回答　「依存の供給」、独占しないで

重度の心身障害児を在宅でケアしておられるお母さん。夫との関係が難しくなったそうですね。障害を持った子どもを産んだために、家族が結束するのはレアケース。実際にはそのせいで家族が壊れることの方が多いのが哀《かな》しい現実です。

もし婚姻状態を継続したまま別居しておられるだけなら、夫には妻と子の生活を保持する義務があります。つまり婚姻費用という生活費を請求できます。もし離婚しておられるなら、慰謝料と養育費を請求できます。子どもさんの障害年金と養育費、母子家庭への支援等を加算すればぎりぎりですが、在宅生活ができないわけではありません。夫と交渉してください、というのが法律家の

答え。

わたしの答えはここからです。あなたでなければケアができない子どもさん。もしあなたが病気になったり、万が一先立ったりなさったら、いったいどうなるのでしょう？

重度障害児の親は死ぬまで子どもの世話から逃げられない。それどころか自分が死んだ後の心配までしなければならない立場に立たされています。どんなに「複雑なケア」でも、障害者介助のプロや経験のあるヘルパーさんなら、委ねることもできるでしょう。「わたしでなければ」と背負いこむことを、「当事者研究」のパイオニアのひとり、脳性麻痺《まひ》者の熊谷《くまがや》晋一郎さんは「依存の供給の独占」と呼びました。「わたしでなくてもお世話できる」選択肢を子どもさんから奪うことで、子どもさんの生存の機会を低めているのはあなた自身かもしれません。

親は子に先立つのが順番。その時、この子を置いて死ねない、いっそひと思いに道連れに、なんて思ったら、子どもの命を奪うことになります。子どもさんはどんなにかわいくても、あなたの独占的な所有物ではありません。どんな子どもにだって、生きる権利があります。あなたの強い愛情も責任感も感じますが、それならなんとか子どもさんがいずれはあなたなしでも生きていけるような手立てを考えてみてください。

そのための制度的な手段は、介護保険や障害者総合支援法などでそろってきました。日本の社会福祉制度は諸外国に比べてもそんなに見劣りするものではありません。ただ使い方がわかりにくいだけで。今からでも自治体や障害者団体の相談窓口に行って何が使えるかトライしましょう。「施設入所」か「生活保護で在宅ケア」か、二つ以外の選択肢が見つかりますよ。

15　身内にそっけなくしてしまう

相談者　女性　四〇代

四〇代女性です。夫と二人の息子、義母の五人家族です。

家の中での自分に腹が立ちます。夫や義母は、一日中仕事をしているにもかかわらず、家事はできる範囲で手伝ってくれます。私も正社員で働いているので、とても助かっています。にもかかわらず、夫や義母を目の前にすると、反射的にそっけない態度を取るか、もしくは別の部屋に行くかしてしまいます。あいさつはしますが、それ以上話しかけられたくありません。近くに自分の両親が住んでおり、週に一度は顔を出しますが、そこでもなかなか素直になれず、だんだんイライラしてきてすぐに退散してしまいます。

更年期と思われるかもしれませんが、結婚五年目くらいには今のような状態になっていました。このことには、子どもたちも薄々気づいているようです。

子どもの頃、母が父を一方的に無視するけんかをよくしていました。私自身も、仲が良かった弟を、ある時期に無視し続けたことがあります。それらと今の状況と関係があるのか、わかりませんが……。

私はビールが好きで、酔っていれば、素直に楽しく話ができますが、しらふでは無理です。正直言って、夫に対して気持ちは冷めきっています。だからと言って、離婚は考えられません。どうすれば、少しでも身内に素直になれるか、アドバイスをお願いしたいです。

回答　シェアハウスの下宿人同士と考えては

何度読んでもますますはっきりわかるのは、あなたが家族をキライなことです。夫も夫の家族もイヤ、自分の親もイヤ。家族と仲良くなりたくない、距離を置きたい、と思っている気持ちがありあり。子ども部屋のように「自分の部屋」を確保して、そこに立てこもれたらいいですね。夕食後は自分の部屋にひきこもって家族と顔を合わせない夫なんてざらにいますから、妻がそうしたっていいでしょう。

相性の悪い家族はいくらでもいます。それに家族に愛想よくできないのは家族だから、です。あなただって会社に行けば同僚や取引先の相手には愛想よくするでしょう？　お酒を飲まなければ愛想よくできないのは、せーの、と自分にハッパをかけなければそういう気分になれないからです。だからといってご家族の側が、あなたに愛想よくしてくれるわけでもなさそうですし。この状態を不快に思っているひとは誰もいない？　あなただけが「どうすれば身内に素直になれるか」と自分を責めているのですね？　それなら自分を責めるのを止めたらいいんです。

あなたが身内にそっけないのは、「自分に素直」になった結果じゃないのですか？　自分の感情を裏切らなければ、愛想よくニコニコなんてやってらんない……のが、あなたの結論なんでしょう。それがあなたの「素直」な気持ち、それにさみしさも苦しみも感じていないならそれでOK。

だいじょうぶ、団欒がなくても会話がなくても、ルーティンで保《も》つのが家族というもの。お互いに役割を果たしていれば最小限のコミュニケーションですみます。会話の尽きない家族って、それもキモチわるい。いっそシェアハウスの下宿人同士と考えてはどうでしょう。シェアハウスの仲間は助け合いや役割分担をしても、仲良くしなければならない義理はありません。

気になるのは子どもさんのこと。子どもにも「そっけない」のでしょうか。

この状態を子どもたちはどう見ているのでしょう？　そのことをあなたも気にしていそうですね。子どもがじゅうぶんにオトナなら、さっさと家を出て行く選択肢がありますが、まだ自立できない年齢なら、あなたの原家族がそうだったように、こういうもんが家族だと思い込むかもしれません。それを寂しいつらいと思うかどうかは人それぞれ。あなたの「素直な気持ち」が「冷め切ったまま結婚生活を続ける」になるのかどうか、ご自分の心に尋ねてみてくださいね。

第3章　夫のストレス、妻のイライラ

16　結婚前からセックスレス

相談者　女性　三〇代

三〇代女性です。セックスレスの夫と離婚するかどうかで悩んでいます。私が一八歳の時から年上の彼と付き合い始め、現在結婚十数年。一度も最後までセックスができたことがありません。

原因は、夫のＥＤ（勃起不全）です。大切にしたいから学生のうちは手を出せない、結婚するまでは手を出せない、と言われ続け、いざ結婚しても、結局できませんでした。そのうちに、スキンシップすらなくなりました。

不妊治療を経て、二人の子どもには恵まれました。しかし、今後もずっと、セックスのない生活を続けることは私には耐えられないと思うようになりました。

夫とは気が合うと思っています。セックスがない以外は、とても良い関係です。

何より二人の子どもの父と母です。

しかし、男女の仲ではありません。

セックスのできない夫を男として見ることはできませんし、夫も私のことを女として見ていません。

私は、女としての自分を捨てたくないのです。

ペーパー離婚も選択肢の一つだとは思っています。いずれにせよ、セックスレスを理由に、離婚をしても良いのかどうか……。夫に離婚したいと申し出たところ、仕方ない、と応じてくれる様子でした。

回答　夫婦をつづける理由はそれだけではない

そうですか、セックスレスですか、産婦人科の世界ではなぜだか性器性交のないカップルを「未完成婚」とか呼んでいるようです。「貫通」で「完成」って、ヘンですね。

二児の両親としておだやかな家庭生活を送っておられるのですね。過去にセックスはあったけれど、出産してからすっかりセックスレスになったというカップルは山のようにいます。でもあなたは一八歳の時の彼と結婚。たぶん処女のまま結婚して、いまだに性経験がないことにこだわっているんですね。

「女としての自分を捨てたくないのです」とは、過去に性経験のある女もない女も、三〇代には口をそろえて言います。女の賞味期限が来ている、と感じるからです。あなたは「今後もセックスのない生活を続けることは耐えられない」と書いていますね。ここは自分に問いかけてみましょう、これは「夫とのセックス」か「セックス一般」か？

夫とのセックスならいくらでも解決法があります。挿入ばかりがセックスではありません。性器性交のできない場合でも、オーラルセックスもできますし、最近ではセックスグッズもいろいろあります。おふたりで旅に出て気分を変え、一緒にお風呂に入ったりはだかで抱き合ったり、スキンシップから始めてはいかが？　これからの人生にだって、スキンシップは大事です。

もし「セックスというもの」をしたかったらやってみることですね。かんたんです。これと思う男性に後腐れのないセックスを「お願いします」といえばすみます。もし後をひくようなら、その時点で考えればいいんです。やってみれば自分の人生にセックスがどの程度重大な意味があるかどうかがわかります。なんだ、こんなものか、と思えば、家庭の方が大事と思えるでしょうし、何より自分で納得することができます。

あなたよりちょいと長く生きた人間として言っておきますが、セックスが人生に占める比重は年齢によって変わります。やがてなんであんなものにふりまわされていたのか、と思える時も来ますよ。そのためにふりまわされてみるのもいいですけどね。

いずれにしても夫婦が夫婦でありつづける理由はセックスだけではありません。あなたの「離婚したい理由」のなかに、セックスレスだけではない隠れた理由があれば別ですが、セックスがなければ夫婦じゃない！　という呪いからは解放された方がいいですね。

17 風俗に通っていた夫

相談者　女性　二〇代

二〇代女性です。第一子を出産したばかりです。

妊娠中にふとしたことで、結婚前の夫が風俗へ通っていたことが判明しました。風俗は利用したことがないと言っていたのですが、ウソでした。結婚してからは利用していないと言っていますが、信じていません。

また、私が妊娠してつらい時期に、仕事だとウソをついてガールズバーやパチンコに行っていたこともわかりました。風俗は会社の同僚と行ったことがきっかけで行くようになり、ガールズバーは話を聞いてもらいたくて、とのことです。

その他にも、ギャンブルによる借金があることがわかりました。

風俗とはいえ、私との関係がありながら、他の女性と性的なことをした夫への嫌悪感がぬぐえません。

子どもが生まれたこともあり、離婚はしないと決めました。ただ嫌悪感から、今までのように夫に接することができません。今後も心から信頼することはできないだろうと思います。夫の本性を見抜けなかった自分に腹が立ち、結婚を後悔しています。

子どもが大きくなったら離婚したいのですが、それまでは割り切って円満な生活を送りたいとも思っています。

どのように心の折り合いをつけていけばいいでしょうか。上野先生にアドバイスをいただければ幸いです。

回答　腐ったりんごを食べ続けられるか

一昔前ならこんな回答が返ってきたことでしょう……子どももできたことだし、夫の風俗通いぐらい、大目に見てあげなさい、それが妻の勤めでしょう、と。「離婚しない」とすでに決めたあなたはこんな回答どおりにふるまっていることになりますね。

これまでの妻なら「子どものために」と離婚をあきらめ、「子どもが大きくなってから」と離婚を先延ばしし、「子どもが結婚してから」とさらに先延ばしし、熟年離婚するのはソンだからとあきらめ、その頃には離婚の元気もなく、そのまま我慢を重ねて添い遂げる……ことになったでしょうか。

これまでの妻との違いは、時限付きで離婚を決意したこと。そのうち夫が反省して関係が改善するかもしれないし、あるいは子どもが大きくなった頃には、すっかり疲れて、離婚なんてエネルギーのいることをやる気はなくなっているかもしれないし。今の気持ちだっていつまで続くかわからないから、成り行きにまかせよう、ということでしょうか。とはいえ、見かけはこれまでの妻と変わりません。

腐ったりんごは一噛《か》みすればわかる、といいます。成田離婚が多いのもそのため。すでに「結婚を後悔している」あなたが、腐っているとわかったりんごをこれからも食べ続けるのは何のためでしょう?

風俗やギャンブルや借金が「嫌悪感」につながるのは、気持ちの問題ですから、いかんともしがたいものです。イヤになれば相手の食事どきの癖や下着のにおいだって耐えがたくなります。生理的な「嫌悪感」があればセックスはできません。セックスレスになったら夫はもっと堂々と風俗通いをするようになるでしょう。そうなれば嫌悪感はますます募り、悪循環になります。もはや「心から信頼することのできない」夫と、気持ちの通いあわない結婚生活を続ければ、その両親を見ながら子どもが育つことを忘れていませんか?

かつては「子どものため」が離婚しない理由でした。今は一八〇度変わって「子どものため」が離婚の積極的な理由になりました。目の前の夫婦の関係から子どもはおとなの世界を学びます。不信と不仲と愛のない夫婦関係のもとで、子どもを育てたいですか？　子どもは大人の背を見て育ちます。まずお母さんのあなたが笑いのある、納得できる人生を送ってください。ハッピーでない母親にハッピーな子育てはできません。

18 夫に光熱費と税を請求したい

相談者　女性　五〇代

五〇代女性です。子どもの高校卒業を機にダンナとは離婚しようと考えています。

五年ほど前から、ダンナとは家庭内別居。その頃から、「お前たちの嗜好品《しこう》を買う金は渡したくない」と言われ生活費を入れてくれなくなりました。

しかし、現在の家は私の実家であり、住宅ローンも無く、ダンナには何の負担もありません。三人の子どもたちには、これからお金がかかるのにと途方に暮れながら、私は仕事を掛け持ちし、親が残してくれた土地を売り、時間を売り、子どもたちを予備校や高校に通わせました。なのにダンナはのうのうと家で、電気、ガス、水道を使用して仕事をしていました。

ダンナは敷地内を仕事場（二〇坪ほど）にしています。結婚当初から「パラサイトになるな」「フィフティ・フィフティの関係でいよう」とよく言っていました。そこで、五年間の光熱費＋固定資産税を家族で頭割りにした一人分を請求しようかと考えています。計算すると一万一千円×六〇カ月＝六六万円なり。そこに私の感情は一切入れていません。暴力を振るうわけでもなく、子どもにとっては悪くない父親だとは思うので、大人として最低限の社会的責任を負ってほしいと考えています。

ただ、お金を請求することに対して、自分でも「人としてどうよ」という迷いがあります。アドバイスをお願い致します。

回答　生活費を入れないなら「経済的虐待」

あなたの離婚の意思が固いなら、こんな欄に相談しないで、直ちに弁護士にご相談なさることをお勧めします。それにしてもまあ、五年間で請求額六六万とはなんと寛大な。冗談みたいな相談ですので、この欄向きだと思われたのかしらと感じたぐらいです。

わたしの知りうる範囲でも、請求額はもっと高額になります。まず生活費を入れない段階で「婚姻費用」の請求ができます。そのなかには子どもさんたちの養育費が含まれます。「子どもにとっては悪くない父親」なら、子どもの生活費や教育費を負担しないことは考えられません。あなた名義の土地家屋を使用しておられるなら、固定資産税ばかりか、応分の家賃を請求することもできます。それに加えて水道光熱費も。「家族で頭割りにしたひとり分」どころか、子どもさんの分は半分加えてもよいでしょう。「パラサイトになるな」「フィフティ・フィフティでいよう」と言うなら、その通り実践してもらいましょう。

生活費を入れないのは、「経済的虐待」に当たります。離婚理由が何になるかわかりませんが、夫側に原因があれば、慰謝料の請求もできます。子どもがまだ成人していなければ、ひきつづき養育費も請求しましょう。

以上のことは、弁護士ならあなたの権利として淡々とやってくれます。お金を請求することに対して「人としてどうよ」とお感じになるあなたは、お人好しと言われてもしかたありませんね。夫が「お前たちの嗜好品を買う金はわたしたくない」と妻子に宣言した時点で「人としてどうよ」と思いますがね。法律では、傷つけられた気持ちや損害は、すべて金銭に換算して要求するほかありません。夫と金のことで面と向きあうのがイヤなら、そのために弁護士がいるのですから、代行してもらいましょう。

それにしても、ここに書かれていないことがあります、五年前に何があったんでしょうね。夫の変化は五年前から。あなたが強く出られないのは、あなたの側にも負い目があるからですか？　それとも夫に対して道義的に優位に立ちたいから？　あなたに必要なのは、この際、あなたの「迷い」を断ち切って、背中を押してくれる専門家です。

仮にあなたの側に何らかの落ち度があったとしても（結婚がうまくいかないのはどちらか片方だけの理由ということはめったにありませんから）、それについても的確なアドバイスをくれるでしょう。

19 夫が生理的に大嫌いです

相談者　女性　五〇代

五〇代女性です。夫が生理的に大嫌いです。

息子が中二で不登校になった際、父子でトラブルがあったのをきっかけに、私の田舎へ母子で引き揚げました。その後、高校進学のために家族再生の生活をスタートしました。

それ以来、夫は子どもにはリップサービスを惜しまず、お金も嫌な顔をせずに与えます。でも、私には欠点ばかり指摘して高圧的に振る舞います。自分のことは棚に上げ、過去のことを並べ立て、「大嫌いだ」だの「出て行け」だの、子どもがいる前でも平気で口にします。

さらにお金のことで、夫が不利な話になってくると、怒って手がつけられません。かなりの高給取りなのに、月数万円の私のパート代について「いくら入れてくれるんだ」。たった一つの楽しみであるスポーツクラブでの運動も、健康を維持する目的もあるのに「病気になってもいいからやめろ」。

生活させてもらっている。都会に住める。ありがたい。子どもが巣立つまで、なんとかうまくやっていこうと思っていましたが、実際は攻撃のかわし方しか考えられず、常に緊張状態を強いられ、どこまで言うなりになればいいか、判断できなくなってきました。

相談できる人がいない自分もすごく嫌になって、落ち込んでいます。上野先生、私はどうしたらいいんでしょう。

回答　母が受ける虐待は子にとっても虐待です

「夫が生理的に大嫌いです」と一行目から書くあなた。ほんとにキライなんでしょうねえ。なのにその夫と「生活のため、子どもの教育のため」パワハラに耐えて同居しなければならないなんて、いつまでこんなに不幸な女の人生は続くんでしょう。

夫もあなたを「大嫌い」なようですから、「家族再生」の試みはすでに失敗していますね。だとしたら夫は何のために同居しているのでしょう。世間体？　子どもへの愛情？　それとも主婦付きの生活の利便のため？　あなたが受けているのはパワハラ、精神的虐待です。言葉の暴力に加えて、身体的暴力はありませんか？　それが心配です。

そこまでの屈辱に耐えてあなたが得ているものは何？　都会の生活？　子どもの進学？　「中二で不登校になった」息子には、そんな両親の関係が反映しているに違いありません。その折「父子でトラブルがあった」のは、おそらく「高圧的な父」が不登校の息子を理解しなかったせい。その時点で、息子さんの父に対する信頼も尊敬もなくなっています。あなたが犠牲にしているのは、あなた自身の人格だけでなく、息子さんの人格でもあります。

いったんは実家へ引き揚げて、息子を守った母。その息子をなぜ再びパワハラ環境へと戻すのでしょうか。息子に直接の暴力はなくとも、母が受けている虐待を目にする面前ＤＶは子どもへの虐待である、と言われるようになりました。家庭が緊張状態なら、家庭は安らぎの場ではありません。息子さんにとっても同じです。

もし息子を守りたいならあなたが第一になすべきは、息子をこの環境から救いだすことです。それとも母の苦境を見ぬふりして、自分の進学ばかり考える利己的な息子に育てたいですか？　今の状態、息子が大学に進学するまでと期間限定で耐えますか？

もし息子が進学に失敗したらどうしますか？　そもそもこんなストレスフルな環境で、息子が受験勉強に集中できると思いますか？

ここから先は、法律家に相談してください。別居しても婚姻費用や養育費が受け取れるはず。高給取りなら言い逃れはできません。息子が進学したら、授業料の負担も。でもこの分では、親の望みどおりの進学を果たせなかった場合、息子は窮地に追い込まれるでしょう。こんなプレッシャーのもとで受験勉強しなければならない息子さんが、心底かわいそうです。

20　妻が手も握らせてくれない

相談者　男性　七〇代

七〇代男性です。子どもたちはすでに独立し、四歳下の妻と二人暮らしです。そろって無芸無趣味の似たもの夫婦で、昼間は仲良くルーチンワークを分担、買い物や病院通いは、車の運転ができない妻のアッシーを務めています。

しかし、夜になると態度は一変、主婦として家事はするが、妻としての相手は卒業したと言って、古希を迎えた頃から指一本触れさせません。さらに、世の中の痴漢、不倫等の報道に対して、身勝手な男は死刑にすればいいと毒づき、ひわいな冗談は一切通じません。

私の方はさすがにセックスは不可能でも、時には手ぐらい握り合ったり、ハグぐらいあったりしても良いのではないかと思いますが、妻は嫌なものは嫌だといってガンと受け付けません。ときに朝方に妻の布団に潜り込むとカンカンに怒り出し、罵声に暴力、最後は逃げだし、昼間とは豹変《ひょうへん》します。

私は仕方なく布団を抜け出して、何もなかったように一日を始めますが、男としてストレスがたまります。それを口にしたところ、妻からは「私だって朝が怖くてストレスがたまる。いやらしいことは考えず、ほかに何かしたら」と言われました。

互いに社交下手なため、二人きりで過ごす時間が多いのも妻に嫌われる一因だとは思います。オッサン化した妻を女に戻す方策はないものでしょうか。

回答　突然スキンシップを求められても……

七〇代、結婚歴およそ半世紀、でしょうか。病根が深そうですねえ。

下ネタは相談しにくいものですが、この中には、書かれていないことがたっぷりありそうです。これまでに不倫したり、風俗にはまったりした「前科」はありませんか？　妻が痴漢や不倫報道に激しく反応するのは、逆鱗《げきりん》に触れるからではありませんか？

「男ならあたりまえ」とあなたが感じていることでも、妻はしつこく覚えているものです。「ひわいな冗談」という言い方にも、女性を見下す態度がはしなくも露呈しています。これを「色っぽい」と言えないあなたが問題です。

「オッサン化した妻を女に戻す」とおっしゃいますが、それ以前に、妻があなたにとって女だったことはありますか？　愛情のやりとりや気持ちのふれ合いなしで、突然スキンシップを求められてもキモチ悪いだけ。そもそもセックスがキモチよいものだと、妻が感じたことがあるでしょうか？

林郁《かおる》さんの『家庭内離婚』によれば、セックスなしだからこそ家庭内離婚状態が維持できるとのこと。これがセックスの強要があれば、とっくに破綻《はたん》しているでしょう。

合意なきセックスが性暴力だというのは、夫婦の間にも成り立ちます。その点、「イヤなものはイヤ」と言われて引き下がるあなたは賢明。どうやらおふたりは夫婦で同じ寝室を共にしていらっしゃるようですが、妻にさらなるストレスをかければ、妻は別寝室、さらには別居、最後は家庭内離婚どころかホンモノの離婚を要求しかねませんよ。

「昼間は仲良くルーチンワーク」という状態は、下宿人同士が波風立てずに自分の領分を守っているようなもの。妻がその状態を「仲良く」と感じているかどうかはわかりません。波風立たないのは、たいがいの場合、妻のほうが不満を呑《の》み込んでいるからです。買い物のアッシーを務めれば、晩飯ぐらいは作ってもらえるのでしょう？

半世紀間の夫婦のディスコミ（ユニケーション）を巻き戻すのは至難のワザ。この先もこの関係を続けたければ、半世紀分の反省に臍《ほぞ》を嚙みながら、妻の地雷を踏まないように、じっと辛抱するしかありませんね。

もしあちらの方が役に立たなくても、性欲は妄想の産物ですからメディア系の性商品が各種取りそろえられています。スキンシップ欲を満たしたかったら、お孫さんかペットを抱きしめることですね。

21 定年後の活動に非協力的な妻

相談者　男性　八〇歳

八〇歳の男性です。リタイアして二〇年ですが、現役中の仕事の延長で週三日働いています。

そして地域の草の根国際交流、外国人への日本語教室ボランティアなどで、週に四回活動しています。

最近肺炎を患い、自動車運転に不安を感じ始めています。そこで、家内（七三歳）に、ボラ活動への手助けとして、時に送迎の自動車運転を依頼したところ、拒絶されました。一銭にもならないボラ活動への手助けなどまっぴらごめん！、働いてお金を稼ぐためなら少しは協力します、と言います。

私は、先の大戦の戦争孤児です。戦争はしてはならないの一心で、個人としてできることは外国人と仲良くなること、そのために交流を通してお互いの理解を深めることが一番大事と、懸命に努力しているのですが、家内からは理解されません。

「私は仕事を辞めて子供を四人も育てました。それで十分でしょう」と言いますし、毎日ほとんど家にいません。

私のリタイアとともにゴルフを一緒に始めたのですが、今や週二回ほどラウンドし、あちこちに仲間をつくり、夫などはほったらかしで遊びほうけています。夫婦一緒にとまでは言いませんが、せめて、もう少し夫の方を見て、その生きがいに協力させる方法はありませんでしょうか。上野千鶴子先生にご助言を賜りたいです。

回答　「国際交流」の相手はまずミウチ

ご指名いただきありがとうございます。いつも女の味方、上野です。あなたのお悩みを解決するのは「国際交流」なみに難しそうです。

お便りに「(夫の)生きがいに協力させる」とあって、何だかなあ。「協力させる」たァ上から目線。おそらくこれまでもずっと妻に「子育てさせる」「仕事を辞めさせる」「家事をさせる」としていらしたんでしょう。

夫の定年は妻の「主婦業の定年」です。もう十分、これ以上はたくさん、と妻は思っているはず。妻にとっては夫のボランティアは、仕事やゴルフと同じ。仕事はおカネのため、ゴルフは健康や社交のため、と支える理由があったでしょうが、ボランティアは妻には道楽の一種にしか見えないでしょう。

あなたが戦争孤児であること、そのために戦争はしてはならないと草の根の国際交流に熱心なことには、頭が下がります。その国際交流と同じくらい熱心に、妻との交流をしてこられましたか？ 何十年も交流なしで夫に協力するのが当然、という態度をとってこられたのなら当然の報い。子どもを四人も育てた妻にしてみれば、たいへんな育児期に、あなたはちっとも私を支えてくれなかったではないか、と言いたいのはやまやまでしょう。これまで「妻の方」を見てこなかった夫が、「もう少し夫の方を見て」ほしいと思ってもムダ。

高齢の夫婦。これからどちらかの介護が始まります。さあ、どうしましょうね。夫婦間の「国際交流」に励むか、それとも「異文化共生」に耐えるか。今からでも遅くありません。まず「……させる」の上から目線はやめましょう。「困っているから助けて」。これに限ります。それに加えて「キミにはいつも感謝している」を忘れずに。「ボクを待ってる人たちがいるんだ。けどひとりで行くのは不安なんだ」とお願いして同行してもらい、現場を見てもらえば、妻も「へえ、このひと、外国の人たちにこんなに慕われているんだ」と感心するでしょう。そして「外ではこんなに親切なのに、どうしてウチでは自己チューなのかしら」と思うかも。男はだいたいそんなもの。妻はミウチ、気を使わなくてもすむ相手と侮っているからです。夫婦は異文化、異文化同士の結婚は「国際結婚」と観念して相互理解に励めば、要介護になっても安泰です。あなたが「国際交流」に貢献すべき相手は、外ではなくまず内にいることを自覚してください。

22 亡夫に「人殺し」と言われ……

相談者　女性　七〇代

七〇代女性です。主人は希少がんで入退院を繰り返し、一昨年に他界しました。私は二〇年間、そううつ病を患ったあと、五年ほど前にようやく主治医から薬を飲み続けることを条件に、「もう大丈夫でしょう」と言われました。

主人が亡くなる半年前のことです。「あなたの病気のために大変な思いをした。精神的にも身体的にも大変な思いをした。もう顔も見たくない、話もしたくない」と言われました。そして、「人殺し」とも。

悲しくて悲しくて、がくぜんとしました。でも、そう言われても仕方がないことだとも思いました。主人は出世もあきらめ、やりたいこともできなかったのです。想像を絶するような犠牲を強いてしまったのです。謝っても謝っても許してもらえないと思いました。

いまさら供養になるとも思いませんが、仏壇にお線香をあげ、お墓参りをし、般若心経をあげています。それでも、いまだに遺影を正視することはできません。誰にも話すことができず、ため息ばかりが出てきます。主人から言われた言葉は寝ても覚めても耳から離れず、心が晴れることはありません。

子供たちにも筆舌に尽くしがたい迷惑をかけたことを、大変申し訳なく思っています。

この先、どういう思いで生きていけばいいでしょうか。

―回答― あなたはご家族を救いました

それはおつらいですね。それでなくても心が折れやすいのに、亡夫から言われたことばが耳について離れない、そしてそんなことを言われたなんてつらすぎて誰にも告げられない……よくぞ思い切って投稿なさいました。

心の病と診断されてよくも死なずに生きてこられましたね。まずそれだけでも自分をほめてやりましょう。もし万が一あなたが自殺でもしていたら……「人殺し」として自分を責めなければならないのはご家族の方だったでしょう。少なくともあなたが耐えて生きつづけたことで、ご家族をその思いから救いました。

心の病を抱えた家族と共に暮らすのは筆舌に尽くしがたい経験でしょう。ご家族はそのあいだもあなたに寄り添ったのですね。自分の時間が残り少ないと感じた時に、「大変な思いをした」と気持ちをぶつけたくなるお気持ちもわかります。「人殺し」はきついことばですが、「あなたのせいでボクの寿命が縮んだよ」と言いたい思いだったのでしょう。

とはいえ、ひとの気持ちは言ってることではなく、やっていることで判断するしかありません。「別れたい」とつねひごろ言い続けている夫婦が最後まで添い遂げたら、結局「別れる気がなかったのね」と解釈するほかありません。二〇年前に発症なさったのなら何かきっかけがあったのでは。夫があなたの病気に忍耐強くつきあってきたのは、もしかしたら贖罪《しょくざい》のお気持ちがあったのかも。死の半年前に心ないことばを吐かれても、最期をあなたに委ねるという選択をなさったのでしょう。そのことばを口にした時には死期が近いとも思わず、とりかえしがつくと思っておられたかもしれません。このわたしも、死にゆく父に向かってとりかえしのつかないことばを投げて、臍《ほぞ》を噛む思いをしたことがあります。

ご家族も大変な思いをなさったでしょうが、いちばんつらく苦しいのはご本人。追いつめられている時には、周囲の苦しみに気持ちが届かないものです。いま、夫や子どもの苦しみを理解し感謝なさるほどに回復したご自身を認めてやりましょう。あなたの方でも夫の希少ガンの闘病につきあったのですし。成人した子どもたちと夫の思い出話をしてあげてください。きっと悪いことだけでなくいいこともあったでしょう。つらかった時間をよく乗り越えたね、とご家族でいたわりあってください。家族こそ「戦友」なのですから。

23
妻に自信を持ってほしい
相談者　男性　三〇代

三〇代男性です。妻について相談です。大学卒業後、妻はいくつか仕事をしてきましたが、気弱な性格や自信のない振る舞いが目立つせいか、同僚や上司から信頼されず、なめられた態度を取られるそうです。職場でミスが起きると、まずは妻のせいではないかと疑われ、妻もすぐに謝ってしまうそうです。

妻は家では私にはっきりと意見しますし、嫌なことは嫌と言います。二人ともが在宅勤務の時に、電話に出る妻の声が聞こえたのですが、私に対する声とは全く違って、か細く頼りない声をしていました。私も仕事ができる人間ではありませんが、わからないことはわからないと開き直って一〇年弱の会社員人生を乗り切ってきました。

『東大で上野千鶴子にケンカを学ぶ』を妻に勧め、開き直ったらと諭したのですが、「そんなことできない」と言います。妻にはできれば自信を持って仕事を楽しんでほしい。

専業主婦だった私の亡母も、家では自由に振る舞っていましたが、外では小さく、父の陰に隠れていたことを思い出します。妻には自信を持って楽しく暮らしてほしい。大抵のことは私より妻の方が上手にできます。たまたま男なだけで、私はずうずうしさを許されているように思います。妻にどのようなアドバイスをすれば良いか、私も妻も尊敬する上野先生にお答えいただけると幸いです。

回答　職場でも家庭でもない第三の場所なら……

　ご指名続きです。なぜって上野が自信ありげな女に見えるから？　自信のある人には自信のない人の気持ちがわかりません、悪《あ》しからず（笑）。

　とはいえ。ジェンダー研究でわかっていることがあります。女性は自分を実際より過小評価する傾向があり、男性は逆に過大評価する傾向があることです。昇進をいやがる女性もそれで説明できます。女性が自分を過小評価するのは責任を負いたくないというズルさの表れでもあります。

　職場では自信のない妻が、家でははっきりモノを言うんですね。そりゃよかった。ミウチで安心できる相手だと強く出られる……おふたりの夫婦関係の良さが窺《うかが》われます。文面からも愛情が滲《にじ》み出ています。あなたにしてみればこんなにはっきりモノを言う妻がもっと外でものびのびふるまってくれないかと歯がゆい思いをしているのでしょう。

察するにあなたの妻は、今の職場が好きでも仕事に愛着があるわけでもなさそうですね。それに同僚や上司との関係も自分の地が出せるような安心できるものでもなさそう。とりあえずあやまっとけばいいや、みたいな。それなら転職した方がよいかも。

職場でも家庭でもない第三の居場所を妻は持っていますか。サークルや同好会で会計や責任のある立場に就いたことがありますか。他人に評価されずにすむ利害関係のない場なら妻の長所を本人でなく周りが見いだしてくれます。家庭の外での自信はそうやって少しずつ身についていくもの。急には開き直れません。

あなたも少し保護者的にふるまいすぎているのかもしれませんね。もっと妻を放し飼いにしてあげなさいな。家庭でも職場でもない人間関係をたくさん持てるように。まちがっても妻の行くところについていったりしないようにね。その場が楽しければ、そして安心できる場なら、妻はあなたに対してと同じように地を出してありのままにふるまうでしょう。その影響はやがて職場にも波及するでしょう。ついでに家庭にも。もしかして妻がもっと自信をつけたら、困るのはかえってあなたかもしれませんよ（笑）。

あなたはありのままの自己肯定がおできになっているようですし、何より妻との信頼関係がありそうですので、そういう妻の変貌《へんぼう》を楽しんで、夫婦関係の変化を柔軟に受け入れることでしょう。人が変わっていくことを見るのは楽しいし、その影響を受けて関係を再構築していくプロセスも人生の醍醐味《だいごみ》です。

24 パート先の上司に恋

相談者　女性　三〇代

三〇代女性です。三人の子の母であり、四世代家族の嫁であり、自営業の手伝いもしていますが、お給料がもらえないこともあり、最近食品加工会社でパートを始めました。

会社勤めは人生初めてのことで、何もかも新鮮で楽しくて仕方がありません。主婦業でも家業でも人から褒められることはありませんが、会社ではきちんと仕事をすればちゃんと見ていてもらえることがうれしくて、仕事にのめり込みました。

そんな日々の中で、ある会社役員の存在を強く意識するようになりました。彼は妻子持ちですが、頭の先から足の先まで、おしゃれでクールで知的で仕事ができます。ゆっくり話すことはないのですが、一秒でも目が合ってあいさつできれば、足が震えるほどうれしい。家事をしている間も、翌日彼に会えることのためだけに全ての準備をしているような毎日です。

三人の子は宝物ですし、夫も優しく、一生この人と生きていくのだという思いにウソはありません。でも、彼とは一瞬すれ違うことがあるかどうかも分からないのですが、その一瞬のために化粧品をそろえ、新しい服と靴を買いました。恋をしていると認めざるをえません。

主婦が恋して悪いか！　と開き直りたいのですが、この歳で何をしているんだとも思います。この恋をどう捉えたら、自分らしく生きられるでしょうか。

回答 主婦が「片想い」して悪い理由は何もない

わお、恋をしてるんですか。どきどきトキメキを感じているんですねえ、うらやましいこと。

四世代家族の嫁、三人の子の母、家業の無償の手伝いをしてきたとあれば、パートという名の世間に出たのが、新鮮でうれしくてしかたがないんでしょうねえ。パートといえども働いた分だけきっちり対価はもらえますし、それに自分のしごとを評価してくれる上司がいれば、やりがいも感じます。その職場でクールな男性に出会ったんですって？　で、毎日に張りが出ているんですね。

とはいえ。ご自分の状況を正確に認識しましょう。あなたと彼は「出会って」すらいません。あなたが彼を一方的に「見初《みそ》めた」だけ。これを「片想い」と言います。恋とは呼びません。恋とはお互いのコミュニケーションがあって初めて成り立つものです。

「片想い」はいくらやってもタダ。主婦が「片想い」して悪い理由は何もありません。好きなだけ味わってください。そのひとの姿を追い求め、そのひとの目にとまりたい一心で装い、そのひとに会いたいためだけに職場に行く……。なんてすてきなんでしょう！　そんな気分を長い間忘れていたわたしでさえ、聞くだけでワクワクします。

で、これからどうなさりたいんです？　声をかけ、デートに誘い、一歩踏み込みますか？　つきまとってストーカーまがいになりますか？　とはいえ、すっかり「その気」になっているあなたをひっかけるのは、その上司の男性にとっては赤子の手をひねるようなものかもしれません。忘れてならないのは、会社役員の上司にとっては、あなたはただの「パートのおばさん」だということ。実際に相手が手を出してきたら、セクハラかもしれませんよ。それにほんとに彼が「クールで知的で」尊敬できる上司なら、そんなにリスクの多い関係は職場では結ばないものです。

あなたの視界に入っている世間は狭すぎます。世の中にはその上司よりもっとすてきな男性がうようよいるかもしれません。「片想い」のいいところは無断で対象を変えても、誰からも文句を言われないこと。それまではアイドルよろしく、「あのひと、かっこいいわねえ」とパート仲間のオバサンたちとウワサのタネにして楽しんでください。

もし「心ここにあらず」状態なら、人生後半戦、あなた自身が変化を求めているのかもしれません。そちらの方が危機は深いです。

第4章　親業を卒業できない

25 努力や練習と無縁な息子

相談者　女性　五〇代

五〇代女性です。大学生の息子のことで相談します。

息子は幼い頃から「頑張れない」性分です。縄跳びの二重跳びができなくても「できるようになりたい」欲も出ず、「悔しい」思いも生まれず、当然「努力・練習」もせず、その時間を「通過」してきました。友達は多く、穏やかで、大人の話、授業の理解はしていたので先生方からは褒められることが多い子どもでした。

しかし親としては「この先、『嫌なこと』を乗り越えられるのか」と心配でした。案の定、中学では提出物を出さず、定期テストは勉強しない。「行かれる高校」を形式的な受験で合格。高校では努力をせずとも文武充実。しかし、大学の推薦入試の準備は自力でできず、担任が大幅に手を入れた志望書で合格。そして今、卒業単位が取得できるかギリギリのライン。本人は「単位は取るつもり」と言いますが、就活は他人事のようで明け方までゲームです。

父親はあきれて放任。母親として期待と心配で過保護、過干渉だったとは思いますが、「最後の子育て」として「一人で生き抜いていかれる人」にするために「卒業見込みがたたなければ学費はもう出さない。携帯電話は解約。家も出てもらう」と言ってあります。このような息子に親としてこれでいいか、またはすべきことのご意見をお願いいたします。

回答　親の理想の人間像とは違っても

この息子さん、好きだわぁ。

他人と競おうともせず、悔しさや欲もなく、穏やかで友だちも多く、授業の理解力はあり、先生方から褒められる。勉強しなくても定期テストを無難にこなし、背伸びせずに「行かれる高校」を選択し、努力をしないのに、文武充実。推薦入試に担任が力を貸してくれ、大学もギリギリの単位取得で卒業予定……よくぞまあ、こんなすてきな息子さんを育てられましたね。

子どもさんについてのご相談は、何がお悩みなのか、よくわからないものがままあります。かえって息子自慢じゃないかと思えるぐらい。なのに、親って欲ばりなものですねえ。これまではなんとか乗り切ってきたけれど、これから先社会人になった時に「嫌なことを乗りこえられるか」、それだけでなく「努力・練習」をしてもっと上をめざしてほしい……五〇代ですか。バブル期のイケイケ気分を憶《おぼ》えていて、がんばればチャンスは開かれると両親ともに考えてきたのかも。

でもね、息子さんがこれから生きていく社会はもうあの時代とは違います。他人と競い合って出し抜くことが推奨されるような社会ではありません。息子さん、いいキャラしてますねえ。彼なら「嫌なこと」をそもそもするりと避けて通るかもしれません。それに困った時に、かならず助けてくれる人が現れそうです。

たぶんご両親の理想の人間像とは違うんでしょうね。でもこれが息子さんのキャラですからありのままに受け容《い》れてあげてください。過保護と放任で抑圧を受けずにのびのび育ったんですね。その手塩にかけた息子さんに、「学費はこれ以上出さない、家から出て行ってもらう」と宣告できるご両親はりっぱです。「これでいいか」とお訊《たず》ねですが、これでいいんです。多くの親が子どものかわいさに、いつまでも依存を許してしまいます。子どもの卒業とともに、親業も卒業しましょう。

教育の要諦《ようてい》は「魚を与えることではなく、魚の釣り方を教えること」という中国の俚諺《りげん》がありましたっけ。大学まで行かせたのだから、親として立派に責任は果たしました。あとは水の中に落ちて水泳を覚えるように、じたばたしながらオトナになってもらいましょう。他人に好かれる息子さんのキャラならきっといろんな人の助けを得て、水の中を泳ぎ渡っていくでしょう。何もかもひとりでできることも自立ですが、能力のある人の助けをゲットできる能力だって、りっぱな自立です。

26　頑張りが報われなかった息子

相談者　女性　五〇代

五〇代女性です。三〇代の息子のことで、上野千鶴子先生に聞いてほしいことがあります。

上野先生は二〇一九年の東大の入学式の祝辞で、「世の中には、がんばっても報われないひと、がんばろうにもがんばれないひと、がんばりすぎて心と体をこわしたひと……たちがいます」と話されました。

息子は高い目標を掲げて大学受験し続けましたが、結局、目標は達成できず、がんばりすぎたのでしょう、心を病んでしまいました。

いろいろな本や体験談には、困難を乗り越えて夢を実現した話や、諦めずにがんばり続ければ夢はかなう、努力は決して裏切らないというような話ばかりが出てきます。しかし、実際には息子のような結果に終わる人も多いのではないかと思います。

いつまでも能力を超えた高い目標を掲げ続けた者の自己責任と思って、諦めるしかないのでしょうか？

息子はこの現実を運命と受け入れ、病とともに生きていく覚悟のようです。人生の負け組になってしまったみたいで、かわいそうでなりません。こうなる前に、何もしてやれなかった親の責任も感じています。

上野先生、親子ともども、この先の生き方に何かアドバイスをいただけるとありがたいです。厳しいお言葉でも構いません。どうかよろしくお願いいたします。

回答　「かわいそう」と思わないで

　ご指名ありがとうございます。二〇一九年四月の東大入学式での祝辞は大きな反響を呼んだようですが、それというのも思い当たるひとたちが多かったからでしょうね。

　いろいろな本や体験談に「努力は決して裏切らないというような話ばかりが出てくる」のは、そうやって成功したひとたちばかりが、「本や体験談」を書いているからです。成功者の陰には失敗者が累々といるでしょうに。

　息子さんが「高い目標」を下ろせなかった理由には、言わず語らずのうちに、ご両親に対する忖度《そんたく》がありませんでしたか？　人はつま先立ちで目標に届くこともありますが、とうてい届かないゴールに向かって無謀なジャンプをすれば墜落して大けがをすることもあります。誰にでも分相応な選択肢があるもの。客観的な状況を見極めて子どもの進路をリオリエンテーション（再調整）するのが親の役割ですが、それをしなかった悔いを持っておられるのでしょうか。それとも親の欲目で、息子の現実を見ることにしくじったのでしょうか。

息子さんが病気なら、医者に診てもらってください。「病とともに生きていく」選択肢を医者はアドバイスしてくれるでしょう。幸い息子さんは現実を受け入れておられるようですし、そのことで親を責めたり荒れたりしない穏やかな親子関係のようですから、それだけでも救いです。病を持ったひとたちにはそれ相応の居場所がありますから、できるだけ親元から離して、社会に交わるようにしてあげてください。

五〇三〇（五〇代の親と三〇代の子ども）は、すぐに七〇五〇にも八〇六〇にもなります。親が死んだあとに息子さんが安心して生きていけるように準備してください。

気になるのは、「人生の負け組になってしまったみたいで、かわいそうでなりません」とお書きになるあなたご自身の態度です。人生の不如意や不運は誰にでもあるもの。それを「負け組」と呼ぶことで、自分を責め、ひいては息子を責めるあなたの気持ちが息子さんに伝わっていませんか？　「負け組」とは、運命を呪い怨嗟《えんさ》するだけの人たちのこと。どんな運命であれ、それを受け入れて選択に変えようとする人たちを「負け組」とは呼びません。

まず、あなたご自身が息子さんを「かわいそう」と思うことを、やめましょう。息子を信じ切れなかった悔いをくり返さず、息子らしい生き方を認めてあげましょう。

27 息子がニートにならないか心配

相談者 女性 四〇代

成人前のふたりの息子を持つ四〇代の母親です。

兄は高等専門学校に通っていましたが、留年したことがきっかけで学校をやめると言い始めました。一度は思い直したものの、ある国立大学を受験したいからと、結局中退してしまいました。ところが、予備校の授業も行ったりさぼったりで、本当に進学する気があるのかよくわかりません。

弟の方も目標とする大学があるにもかかわらず、おしゃれやほかのことに気を取られて勉強に身が入りません。

注意すると、ふたりとも勉強はやっていると言います。でも、まったくそのようには見えません。目標があれば頑張るものだと思いますが、私には不思議でたまりません。

昔から主人と私は育児方針が違い、よく言い合いになっていました。

主人は息子たちに厳しくて、長男はよく「一番になれ」と言われ続けました。

それに反発してやる気のない子に育ったんだと思っています。

私は二年前、やりたかった仕事に就きました。ほかにもやりたいことがたくさんあります。私はふたりが二〇歳を過ぎたら、一切面倒を見たくないです。

私の心配は、息子たちがニートのようになってしまうことです。

大好きな上野先生にアドバイスをいただきたいです。

回答 家族全員が現実逃避していませんか？

やる気のない息子さんふたりを持って、その息子さんたちのやる気をそいだ原因をよくわかっていらっしゃるお母さん。原因がわかって結果がわかっているのに、どうしてその原因をなんとかしようとは思われないのでしょうか？不思議です。

「一番になれ」は子どもには自分のありのままを否定される強いプレッシャーです。ご長男は高専に進学した時点で父の期待に背いたと自覚しているでしょうし、中退して国立大学を志望するのも、そうするしか親の期待に応える選択肢がないからでしょう。次男のほうも「目標とする大学」は、たぶん自分の実力よりかなり上では。「目標があれば頑張るもの」とおっしゃいますが、その目標が手の届かないところにあれば、現実逃避をしたくなるのは当然。あまりに高い目標は、かえって何もしないことの言い訳になります。ですが、親は目標を低く設定することを許してくれない……。息子さんたちをこんな窮状に追い込んだ責任を感じておられますか？

「育児方針が違う」夫と対立なさったそうですが、カラダを張って子どもたちを夫から守りましたか？　あなたのなかにも「一番になれ」という気持ちはありませんでしたか？　子どもたちは、親に言われる前に自分を責めているはず。「厳しい父親」への反発が「やる気のなさ」につながっているとしたら、そのことでいちばん傷つくのは本人たち。自己否定するしか、親に反抗できないんですから。

高専上等、おしゃれもけっこう。幸い、ふたりとも生きていく力はありそうです。それならありのままの現実を認めて、身の丈の選択をそれでいいんだよ、と受け止めてあげましょう。お父さんが何と言っても、お母さんはあなたたちの味方だから、と言ってあげましょう。成人前ならまだ子ども。なのに子どもたちから目を離したいとあなた自身が思っていませんか？　これでは家族全員が現実逃避をしているようです。

親が子どもにしてやれるのは、魚を与えることではなく、魚の釣り方を教えること。親の時代と同じような生活が子どもにできるとは限らない時代になりました。高望みはやめ、現実的な選択肢を共に考えましょう。父親にも現実に向き合ってもらいましょう。いまのままだと、あなたの心配どおり、息子たちはニートになってしまいそうです。なぜならニートとは、現実に居場所のない子どもたちの逃避のひとつだからです。

28　「ニートになる」と案ずる息子

相談者　女性　五〇代

五〇代女性です。息子のことで相談させてください。

地元の大学を卒業後、本人の希望で、遠方の会社に就職しました。入社まもなく様子をうかがうため連絡すると、「よく眠れない、食欲がない」などと答えました。初めての一人暮らしで心配でしたが、まだ研修期間でもあり、まずは大型連休まで頑張るよう励ましました。

なんとか頑張り連休にはとんで帰ってきましたが、職場に戻る時はとても暗い表情でした。その後、盆や正月の帰省も、職場に戻る時は暗い表情のまま三年が過ぎました。

落ち着いたかなと思った最近、「もう無理。何もやる気がない。寝れない」と、電話がありました。親としては彼の心と体がとても心配になりました。

知り合いのいないところで三年も頑張ったのだから、帰ってくるよう勧めていますが、「今辞めたらニートにしかなれない」と力なく言うのです。真面目な性格故に辞められないのか、残業や休日出勤で疲れ切って思考が止まっているのか、本心はよく分かりません。

仕事はこなせていて色々任されているようです。ただ本音を言える友達や遊び仲間がおらず、孤独かもしれません。

「ニートになってもかまわないから」と無理にでも連れ帰るべきなのか、本人が決めるまで待つべきか。今、親としてどうすればよいかご指導ください。

回答　生命と引き換えにしてよい仕事などない

やばいです！

「よく眠れない」「食欲がない」「何もやる気がない」とあるすべてが、息子さんのうつの症状を示しています！

すぐにでも会社の産業医か、専門医のいる病院に行くようにしてください。あなたに電話してくるのは、ＳＯＳのアピール。手遅れにならないうちに、介入してください。万が一、追い詰められて自死でもされたら、あなたは悔やんでも悔やみきれないでしょう。あんなに訴えられたのに、わたしは聞く耳を持たなかった、と。その不安を感じているからこそのご相談ですね。ですが、その相談先は「悩みのるつぼ」なんかじゃありません。ちゃんとした専門家です。

「ニートになる恐れ」より、「死なれる危険」の方が、もっとこわいでしょう？天秤《てんびん》にかけている場合ではありません。事情はわかりませんが、息子さんはとっくにメンタルをやられています。

過労だけじゃなく職場のパワハラやいじめなどもあるかもしれません。そうなれば職場の責任です。事情がよくわからないまま、遠くであなたがやきもきしている場合じゃありません。

専門家に相談したら、抗うつ薬や睡眠薬を処方してくれたり、カウンセラーを紹介してくれます。また休職をアドバイスしたり、職場との調整も図ってくれます。病気休業は最長二年ほど。傷病手当もあります。それもこれも正社員だからこそ。やむなく退職に至っても、医者の診断書があれば「障害年金」が受給できます。日本の社会保障制度は調べてみるとけっこう役に立ちます。問題はどれも自己申告制だということ。知らないとソンする、しくみです。

「今辞めたらニートにしかなれない」という息子さんのコトバに胸を衝《つ》かれました。ブラック企業なみの正規雇用か、使い捨ての非正規雇用か、ふたつにひとつの選択肢しかつくらなかったのが、ここ三〇年ばかりの新自由主義ことネオリベ改革というものでした。

どちらを選んでも不幸、でも非正規の不利をよく知っているから息子さんは歯を食い縛って踏みとどまっているんですね。でも生命と引き換えにしてよい仕事など、どこにもない、と観念してください。

「無理に連れ帰る」なんてことをやったら、あとですべて「親のせい」にされますから、ここは応援団に徹して自分で受診するようにサポートしましょう。

29 夫に似てきた息子に嫌悪感

相談者　女性　三〇代

三〇代女性です。就学前の息子を一人で育てています。妊娠中から夫の暴力が激しくなり、夫の出張中に、生後まだ数カ月だった息子を連れて実家に逃げ帰りました。精神的にほとんど外出できる状態ではなかったため、育休をとっていた会社を退職し、いったん仕事から離れました。現在は新しい職を得て頑張っています。

別居から随分お金と時間がかかっていますが、まだ親権についてもめています。息子は「ママが一番好き」と言ってくれます。でも、怒ると手が出たり、大きな声を出したりします。保育園でもお友だちを噛んだりしているようで、先生に注意されます。手が出るところや大きな声を出すところは夫にそっくりで、我が子ながら嫌悪感を抱いてしまうこともあります。

このような思いのまま、子育ては続けない方がよいのではないかと悩んでいます。子どもはわたしに懐いていますが、夫に渡した方がよいのでしょうか？

多額の弁護士費用をかけ、息子の親権を得ても、けっきょく夫のような人間になったらと思うと、なんのために日々身を削って子育てをしているのか、わかりません。

大学時代にフェミニズムを多少かじりまして、上野先生の本はなめるように読みました。上野先生にぜひお叱りをいただけたらと思います。よろしくお願いいたします。

回答　暴力は遺伝する？　思い違いです

大丈夫、このチコちゃんは叱ったりしません（笑）。夫のDNAがつながっていれば、息子さんの姿形は夫に似てくるでしょう。でもね、心配しないで下さい、暴力は遺伝しません。なぜなら男が暴力的になるのは、DNAのせいでもホルモンのせいでもないからです。もしそうならすべての男が暴力的だということになりますが、決してそんなことはありません。

夫は暴力をふるってよいと思った相手に暴力をふるったのでしょう。幸いにもあなたは息子に面前DVも子どもへの虐待も味わわせずに、早々と子どもを守ったんですね。父の暴力を経験していない息子は、父から暴力を学習する機会も持たないでしょう。

あなたの思い違いは保育園児の暴力を、父からの遺伝ではないかと短絡的に理解していることです。幼児って男児も女児も、暴力的で自己チューなものですよ。手加減せずに自己主張します。嚙んだり、大声を出したりするのは、何か理由があるからで、DNAのせいではありません。先生に相談してごらんなさい、どんな時に嚙んだり怒ったりするか。いつまでもお友だちを嚙んだりする子どもはいません。ママ友に子どもの嚙み癖はどうやって収まったか、聞いてごらんなさい。そして「キミの大好きなママ」は、暴力が大キライだから、ママにもまわりの人にも暴力をふるわないでね、ママが悲しむから……と何度でも言ってきかせてください。

息子に嫌悪感を抱いてしまう、どのみち同じ血が流れているのだから、いっそ息子を父親に渡してしまおうか、というあなたの短絡が怖い、です。せっかく息子と自分を暴力夫から守ったのに、ふたたび暴力的な環境に息子を戻すのですか。しかも乳児の時から離れてなじみのない男親に？　そうすれば息子は「母に捨てられた」と生涯消えないトラウマを負いますよ。今度はあなたが憎まれる側になります。夫があなたと親権を争うのは、ほんとに息子がかわいいからでしょうか。夫にとっても抱いて育てたことのない息子に、愛着はないでしょう。親権に固執するのはあなたに対する嫌がらせ。子育ての負担や不満が爆発しそうなあなたに、ゆさぶりをかけるためでしょう。

シングルマザーの子育てはたいへんでしょう。でも短気は損気。子育ては長期戦です。「ママが一番好き」と言ってくれる息子さんに、「ママもキミが一番好きだよ」と言ってあげてくださいね。

30
無口で無表情、無職の三〇代息子

相談者　女性　六〇代

六〇代女性です。夫に介護が必要となり、遠方で勤めていた息子を呼び寄せました。ブラック企業的な職場にへきえきしていたせいもあり、すんなり故郷へ戻ってきたのですが、無口で無表情、愛想もなければ、親に感謝の気持ちもありません。

夫の容体も一段落し、息子にまた仕事に就いてほしいと言っても、嫌々ハローワークに行く始末。正直経済的に不自由ではありませんが、三〇代のいい若いもんがほとんど家の自室に閉じこもってゲームをしているのが納得いきません。

大学進学から故郷へ戻るまでは知りませんが、彼女どころか家に連れてくるような友達もいたためしがありません。孤独ゆえか自己管理はしっかりしていますが、親に愛情を示すようなこともありません。

家に息子がいれば三食用意する必要があり、洗濯も相当の量です。家の仕事をやるようにと言っても嫌々ながら、すぐ終わってゲームに夢中です。

早く仕事が決まればと気をもんでいますが、本人は無職でも平気のようです。跡取りなのでそっくり相続すれば済むと、気楽に思っているのでしょうか。

結婚も難しい気がします。こんな男の嫁になろうという女性はまずいないでしょう。夫はなるようにしかならないと気弱になるばかり。今私は息子のことで頭がいっぱいです。この先どうしたらいいでしょうか。

回答　あなたには「借り」があります

夫の介護のために息子を呼び寄せたんですか。それが間違いの始めでしたね。遠方に勤めていたのに辞めさせて呼び寄せ、それから必要がなくなったらまた仕事に就いてほしいなんて、息子さんからしたら、何て勝手な、と思われてもしかたがありませんね。「仕事を辞めて帰って来い」と言ったのはそちらだろう、と責められないだけまし。あなたは息子さんに「借り」があります。息子さん側では「貸し」が。そのことを自覚しておられますか?

たぶん今申し上げたことに、あなたはびっくりしておられるでしょう。自分の言動が、相手側から見たらどう見えるかを、考えていらっしゃらないご様子だからです。

「親に愛情を示さない」とおっしゃいますが、父の介護のために帰ってきたのが息子の愛、ではないんですか？　それを息子にだって仕事を辞めて帰ってきたい理由があったんだと自分を納得させようとしているのはあなたです。「無口で無表情、愛想がない」方が「怒りっぽくてイライラし、暴力を振るう」よりずっと平和でよいでしょう。

息子の愚痴をこぼしながら、息子のために三食を用意し、息子のために洗濯物をすべて処理しているのはあなた。言っていることとやっていることがウラハラです。あなたのような「主婦＝嫁」役がいれば、息子さんが家を出ようと思う理由はないでしょう。あなたはブツブツ言いながら、その実、息子さんが家にいることを歓迎しているのではありませんか？　経済的にも生活的にもめいっぱい息子を依存させておいて、息子に依存するなというのは矛盾していきます。

息子に本当に働いてほしい、結婚もしてほしい、と思うなら、息子に別居してもらいましょう。ただし息子に「借り」があるのですから、自立のための資金として、まとまった額のお金をわたしましょう。それ以降は無心に応じないことです。

それまでのあいだは、家計と家事の分担を決めて、これだけのことはやってくれ、と交渉し、息子さんの担当には一切手を出さないことが、あなたにできますか？　ついでに、この家事の分担に、夫も巻き込んだ方がよいでしょう。これから先だって、何が起きるかわかりません。助け合って生きるという暮らしのスタイルを、家族三人で作りあげて下さい。今後、どちらかに介護が必要になったら、息子を当てにするより、他人の手を借りることですね。

31　娘を心配せずにいられない

相談者　女性　五〇代

五〇代女性です。二〇代の娘がいます。自分が父の「女に学歴は要らん」との方針で進学の希望がかなわなかったため、どうしても娘には希望進路をかなえてやりたく、塾に行かせ第一志望の大学に行かせました。

私が結婚した時から自分自身にかたく誓っていたのは、子供の人生に干渉しないこと。『孫の顔をみせてくれ』などという発言は慎むこと。現在、長女はおそらく一生勤めつづけることができるであろう地方自治体の職員です。私が自営業で収入が不安定なため、安定した職場で働く娘をうらやましく誇りに思ってまいりました。

娘はこれまで異性との交際の経験がございません。最近、近所の方から婚活パーティーへのお誘いがありそれとなく娘に問うてみたところ、「結婚するつもりはない」と申します。

干渉しないでおこうと誓ってきたのに、娘の人生が急に心配になってまいりました。孫が欲しいわけではありません。私と夫が死んでしまったら、娘はひとりになってしまうと、そのことが心配でならないのです。

娘の職場は、中年以上の女性が九割を占め、職場での出会いは考えにくいです。早く子離れしなくては、との思いと矛盾する気持ちのせめぎあいで苦しんでおります。

もし出来ましたら上野千鶴子先生にお答えいただきたく、よろしくお願い申し上げます。

回答　家族がなければひとり？　思いこみです

そうですか、がんばって娘さんに学歴をつけて人の羨む公務員になれたんですね。最近の若いキャリア女性には背後に母親のリベンジ戦の思いがあって、二世代がかりの達成だと感じます。

これで社会的にも経済的にも安泰ですが、次は家族を持ってもらいたいんですね。親ってどこまでも欲張りなものですね。

ところで家族ってそんなにいいもんですか。あなたの結婚生活はお幸せでしたか。夫がいなくなったら、あなたは「ひとりぼっち」になりますか。娘がいるからいい、って？　それなら娘さんは老後の安心要員ですか。家族以外に親しいお友だちや頼れるひとは、誰もいませんか。

母親になったことはおそらくあなたにとって幸せでやりがいのあることだったでしょう。一人娘ならなおさら。そのあなたのがんばりが、娘さんには重たいのかもしれません。

どんなに結婚を期待しても、これぱかりは本人と相手にその気がなければ無理。たとえ娘さんが結婚しても、今日びは妊活しても子どもが産まれるとは限りません。「孫の顔を見せてくれ」と期待なさらないのなら、娘さんはいずれ夫と死に別れて、ひとりになります。遅いか早いかだけの違いです。

その前に、あなた方ご夫婦の介護に加えて、夫となる人とその両親の介護がふりかかってきます。今どき娘に結婚してほしいと期待するのは、それだけの負担を娘に背負ってほしいというのと同じだと理解しておられますか？

家族がいなくなればひとりになる……は思いこみです。わたしの知っているおひとりさまたちは、だからこそ友人をつくったり、助け合いのネットワークをメンテしたりしています。おひとりさまの目から見ると、家族持ちの方が家族を失ったらすべてを失うみたいで無防備だなあ、と心配になるほどです。

娘さんにお友だちはいますか？　助けてくれと言ったら助けてくれる人はい

ますか？

わたしがインタビューしたある関西の女性は「友だちぎょうさんいるから、お父ちゃんが死んでもちぃともさみしうないて言うてますのや」とおっしゃっていました。

娘さんがそう言えたら、安心して死ねますね。そのための条件は、あなたご自身がそういう人間関係を娘さんの目の前でつくってみせることです。今からでも遅くありません、人持ちになってください。

32　離婚した娘にきつく当たられる

相談者　女性　七〇代

七〇代女性です。四〇代の娘についての相談です。

娘は約一年前に離婚、シングルマザーとなり近所に住んでいます。離婚後は仕事で帰宅が遅く、小学生の孫の面倒を私が娘の家に通って手伝っています。孫の帰宅までに娘の家に行き、洗濯物を取り込み、宿題をみて、お風呂に入れ、夕飯の準備をし、娘が帰るのを待って自宅に戻り、今度は私ども夫婦の夕食を準備するという日々です。

しかし、娘は帰宅するといつも仏頂面で、食材を使いすぎる、水道代が高くなっているなどと小言を言います。布団を干しても「勝手なことしないで!」、孫にトースターが壊れたと聞いて新しいものを購入して持っていけば「余計なことして」。

何をしても、ありがとうと言われたことはありません。

安定しない生活でストレスがたまり親にいら立ちをぶつけて甘えているのだろうと、こちらからは何も言っていません。しかし、内心では離婚の際に親に迷惑をかけておきながら、よくそんな態度でいられるなと。正直、娘の離婚で私たち夫婦の老後設計も狂いました。そんな性格だから結婚生活がうまくいかなかったのではないかなどと、考えてしまうこともあります。

少し距離を取ってみようと思うものの、孫が長時間ひとりで母親の帰りを待つのかと思うとなかなか踏み切れません。娘とどう接すれば良いでしょうか。

回答　あなた自身が「自立」を果たしましょう

おやおや、娘さんは離婚によって「夫からの自立」を果たしたのに、「親からの自立」は果たしていないんですか。ふつうは結婚するときに「親からの自立」をすますんですけどね。

シングルマザーの暮らしの不如意は、とりわけこのコロナ禍のもとでは察するに余りありますし、苦境に立つ娘を少しでも援助したいという親心もわかります。助けてもらっているのに当たるのは、親への「甘え」というものですね。他に当たるものがないからいちばん身近な親に、ということになるのでしょうが、これが子どもに向けられたらと思うと虐待が怖いです。

娘さんの家に通って面倒を見ているとのこと。ここは発想の転換をなさってはいかがでしょう？　ご近所なら小学生のお孫さんに祖父母の家に通ってきてもらい、食事を食べさせてから娘さんに迎えに来てもらう、というのは。

娘の家は娘の城、たとえ親といえど勝手にいじられてはイヤなもの。でもあなたの家ならあなたの城。迷惑をかけるのは娘の方ですから「ごめんなさい」「ありがとう」も出るでしょう。お孫さんにとっても親の家と祖父母の家、どちらもあれば逃げ場ができるでしょう。

あなたご自身も娘との距離をきちんと保つようになさっては？　孫を食べさせるのも娘に食事を届けるのもいいけれど、毎月わずかでもおカネを受け取るとか。

「私たち夫婦の老後設計も狂いました」とおっしゃるなら、あてが狂った老後のお世話を離婚した娘に依存するおつもりでしょうか。きついようですが、娘を自立させないのはあなたご自身でもあります。あなた自身が「娘からの自立」を果たすのも課題ではないでしょうか。

娘さんが離婚なさるときにはそれも無理はないと思って応援なさったのでしょう。なのにこの態度では、娘への同情心もなくなりそう、と。それくらいなら、「よくそんな態度でいられるな」と思っていらっしゃる「内心」の声を、きちんと娘さんに伝えては？　日本の家族はほんとにコミュニケーション下手。以心伝心なんてありえません。思ったことはことばで伝えましょう。

あなた方ご夫婦も七〇代、いつまでも若くはありません。介護が必要になったらどうするか、娘にどこまで頼るのか、自分たちでできることはどこまでか、話しあっておくことはいっぱいあるのではありませんか。

第5章　おひとりさまでだいじょうぶ?

33 「おひとりさま」、貫きたいが……

相談者　公務員女性　三〇代

三〇代女性です。幼少期からのいじめ、非正規職員の頃のパワハラ、それによる精神疾患や就職難などを乗り越えて、念願の図書館司書に採用されました。きついことも多いですが、やりがいがあり、公務員でもあるので生活は安定しています。やっと幸せになれたのかな、と思い始めた矢先に弟が急死しました。両親や祖父母の悲しみは大変深いものでした。

非正規の頃は、正規の司書をあきらめて結婚するようにと母から強く言われていました。今は言われていませんが、それは三〇代での結婚が珍しくなくなったからだと思います。もっと歳を取れば、結婚と孫を両親から催促されそうで不安を感じています。男の後継者がほしいというわけではないでしょうが、子供が私ひとりになったことに寂しさを感じていると思います。

人から傷つけられた期間が長かったので、ひとりで生きることが私にとっての幸せです。よく周りからいつ結婚するのが、結婚した方がいいと言われ、いやな思いをします。両親のために結婚・出産するのもおかしなことですし、だれかと一緒になるなど、死に等しい行為です。

けれども、弟の代わりになるような孫をつくらないことに罪悪感も覚えます。上野先生、「おひとりさま」を貫きたいけれど、両親のことはどう考えればよいのか。アドバイスをいただけないでしょうか。

回答　通俗的な世間知に縛られないで

三〇代シングル、専門職の公務員、親と周囲からはいつ結婚するのか、と結婚ハラスメントを受けている……。よくある話です。でもあなたの答えはとっくに出ています。「ひとりで生きることが私にとっての幸せ」。「両親のために結婚するのもおかしなこと」。ましてや「だれかと一緒になるなど、死に等しい行為です」と。

あなたがこれまで人から傷つけられたことが原因なら、傷つかずにすむいい男との出会いがなかっただけ、希望を捨てずに出会いを求めては、という回答者もいることでしょう。でも三〇年にわたるあなたの人生経験は、あなたの人格をつくるぐらいに重みのあるもの。ひとりで生きていくことに不安もないし、それがあなたの選択です。

結婚ハラスメントが続くのはせいぜい四〇歳まで。つまり子を産める年齢のあいだです。両親にすれば、孫の顔が見られると期待できるあいだのこと。それを過ぎれば周囲は何も言わなくなります。それまであとちょっとの辛抱。

息子を失った祖父母や両親の嘆きは、そりゃ深いことでしょう。人生の苦しみのなかで、子に先立たれる逆縁ほどつらいことはありません。ですが、あなたが孫を産んだからといって、「弟の身代わり」になると思うのはまちがい。親から見れば息子は息子、他の誰かがとって代わることはできません。

もしかしたらあなたは弟の方が愛されていると思ってきませんでしたか？　作家の佐野洋子さんは、兄を亡くしたとき、亡くなったのがいっそ妹の自分だったらよかったのに、と両親が感じているだろうという疑惑を払拭《ふっしょく》できなかったとか。孫を産んであげたら「弟の身代わり」になるという思いには、そのリベンジ感がありませんか？

あなたの問題はご両親ではなく、あなた自身の罪悪感にあります。あなたを脅かしているのは、孫が「弟の身代わり」になるかもという忖度《そんたく》、「男の後継者がほしい」だろう、「子どもがひとり」では寂しかろうという、あまりにも通俗的な世間からの圧力です。おひとりさまで生きようと、世間からはずれた生き方を選んだはずなのに、世間があなたのアタマを洗脳して、あなた自身を苦しめているのです。

規格はずれの人生を選んだのだから、規格はずれの娘でいることをご両親に認めてもらいましょう。そのうち介護が始まれば、残ったのが息子でなくて娘でよかった、とご両親も思うかもしれません。

34 叔母の期待に沿えず苦しい

相談者　女性　五〇代

五〇代女性です。とても仲の良い叔母の会社の事務を手伝うことになり、小さな会社ですが、社員として入社しました。しかし私が四カ月で限界を感じ、辞めることになりました。叔母は一人で事務一切を取り仕切っていましたが、私に任せていくつもりでしたので、落胆はかなりのもので、しっかりした人なのに明らかに不安定で、泣かれたりもしています。

幸か不幸か、もう再就職先が決まりました。冷たいようですが、私なりに人生を考えて決めたことです。なのに、毎日つらくてずっと考えてしまい、頭痛がひどいです。

自分のことだけ考えないで、我慢して大好きな叔母のことを助けてあげるべきだったのか？　それだと自分のために生きていないのでは？　自問自答を繰り返しています。会社を辞めたことで、叔母との関係も確実に悪くなるでしょう。本当になんでも話せる唯一の人と言ってもいいくらいだったのです。

自分の正当性を自分に諭すように、叔母の会社の問題や、叔母自身の責任も問うていることに、気がめいります。元々人づき合いの苦手な、どちらかといえば生きづらい性格です。

もっと気楽に考えて、頼りにしてくれている叔母の力になってあげるべきだったのでしょうか。私は極悪非道の冷血人間でしょうか。上野先生、ご意見をいただければ幸いです。

回答　あなたから忌憚のないアドバイスを

大好きな叔母さんの会社を手伝うことになったのに、四カ月で辞めることになったあなた。辞めるには辞めるだけのじゅうぶんな理由があったのでしょう。頼られていただけに後ろめたさを払拭できないあなた。もっと気楽に考えたほうがよいだろうか、と迷っておられるようですが、あなたが「気楽に」ものを考えられない性格であることは、文面からも伝わってきます。叔母の会社を辞めたぐらいのことを（何も死にそうな叔母を見捨てたわけじゃなし）、「極悪非道の冷血人間でしょうか」と責めておられることからも、それはわかります。

責任感の強い、そして正義感も強いあなたなんですね。だからいったんは叔母の頼みを引き受け、だからこそ、その後で叔母の頼みをこれ以上は引き受けられない、と判断なさったのでしょう。あなたのふるまいは一貫しています。そしてそのふるまいのもとにある、あなたの性格は変えられないでしょう。

「もし」を考えてみましょう。もしこのまま叔母の会社に残ったとしたら……叔母の会社の問題や叔母自身の経営者としての責任がいやおうなくあなたの眼に入ってくるでしょう。責任感の強いあなたはそれを見過ごせず、指摘すれば叔母は傷つき、あなたと対立するでしょう。反対にもし「気楽に考えて」（どうせ叔母の会社だし）、欠陥を見過ごせば、あなたはストレスを抱え込んでかえって自分が苦しむでしょう。どちらにしても、今叔母のもとを離れるよりも、叔母との関係はもっと悪化するかも。

まだ五〇代。再就職先も決まったあなた。まだまだこれから先も人生は続きます。叔母のために犠牲になる必要はありません。「頭痛のひどく」なるほどの叔母との関係の悪化は一時のこと。あなたの後半生はもっと長い時間です。

それより「なんでも話せる」間柄の叔母に、どうして叔母の会社の問題や欠陥を指摘してあげられないんでしょうか？　四カ月の勤務体験は、何よりのフィールドワーク。インサイダー情報をもとに、叔母に忌憚《きたん》のないアドバイスをしてあげることのできる、あなたは「唯一の人」ではないでしょうか？　それで壊れる信頼関係なら、叔母の器量はそこまで。そんなに危ない会社にあなたの人生を預ける選択をしなくてよかった、ということになります。もし叔母が耳を傾けてくれたら、あなたと叔母とのあいだの信頼関係はもっと深いものになるでしょう。

35 ギャンブル好きの彼氏とは……

相談者　女性　四〇代

四〇代女性です。三〇代で離婚しましたが、数年前に同じ年で、同じバツイチの彼氏ができました。

性格も合うし、顔もタイプだし、二人でよく笑い合っています。いずれ再婚するつもりで、たびたびそういう話が出てきます……。

が、彼はギャンブルが大好きです。

しっかり仕事はするのですが、働いた分の給料を全部、パチンコにつぎ込んでしまいます。「本当に一緒になるつもりなら、毎月一万円でも二万円でも貯金して、自分でできないなら私に預けて」と言っても、お金を渡してくれず、あるだけ全部使ってしまいます。

週に一、二回するデートの費用は、外食の時は彼が出してくれます。二回に一回は、家で食事をしますが、私の家でも彼の家でも、私が食材を買って作ります。先日のことですが、とうとう「お金を貸して」と言われました。つきあい始めてから初めてのことでした。

結局、お金を貸して、すぐ返してくれましたが、気持ちが冷めてしまいました。ギャンブルする人は一生治らないとも言います。こんな彼とはダラダラつきあわずに、きっぱり別れてしまった方がいいでしょうか？

彼のこと、嫌いにはなれないのですが……。

回答　「茶飲み友だち」という選択肢も

もうあなたはご自分で答えを出しているようですね。

ギャンブル依存は病気です。あなたがご存じのように完治は難しい。パチンコをやめたと思ったら次は競馬・競輪、さらにはアルコールやドラッグと依存先が移っていくだけで、依存症そのものは変わりません。愛の力で治して見せる！　とがんばっても無理。それにあなたの愛は、借金を申しこまれたぐらいで冷める程度ですから、たいした愛でもなさそうです。

もっと親しくなれば、借金は一度が二度になり、金額が増え、やがて返済しなくなるでしょう。どこまで尽くしますか？　いくらになったらやめますか？

恋人同士なら財布は別々、これが結婚して財布がひとつになったら、あなたのおカネは自分のモノ、と彼は考えるようになるでしょう。ひとつになった財布から、彼は自分のためにギャンブル最優先でおカネを使うようになるでしょう。

ギャンブル依存のひとには、気弱でやさしいひとが多いようです。現実のつらさから逃れる先がギャンブルだからでしょうか。「彼のこと、嫌いになれない」のはそのせいですね。きっと「いいヤツ」なんだ。これでギャンブルさえしなければねえ、お酒さえ飲まなければねえって、これまでどれだけの女性が嘆いてきたことか。

あなたももう四〇代、バツイチで一サイクル終えたのなら、いまさら再婚しなくてもいいでしょう。その年齢ならこの先妊娠する可能性も低いですし、家族を作るわけでもなければ、「嫌いになれない」彼とは、ダラダラつきあったらいいんです。お家も家計も別、でも食事や旅行やセックスはときどきする親しい男友だちがひとりいるなんて、いいじゃありませんか。

こういう関係を「茶飲み友だち」って言います。高齢者の世界ではスタンダードになりつつあります。四〇代といえば、江戸時代ならご隠居さんの年齢、初老といってもかまいません。その「茶飲み友だち」づきあいが、ちょっと早く来た、と思えば。そのうち双方に飽きがくるかもしれませんし、あまりのことにあなたから見限ることになるかもしれません。その際でも、ただのお友だちでいた方が、しがらみなく別れられます。

男女関係の「上がり」は結婚、というこだわりさえ捨てれば、結婚かそれとも別れるか両極のあいだに広いグレーゾーンがあります。どうぞダラダラ、ぐずぐず、四〇代の今を楽しんでください。

36　仕事ないのに会社をやめられない

相談者　女性　四〇代

四〇代女性です。一〇年ほど前に障害者になりました。障害者として採用されて今の職場で三カ所目です。職場を転々としたのは、表向きは母の認知症発症、自身の病気などですが、ほぼ一日中する仕事がなく、座って過ごす毎日があまりにもつまらなかったからです。職場のつまらなさについて相談させてください。

歩行が困難なため、朝の通勤ラッシュを避けて一〇時に出社していますが、ほぼ何もやることがなく、パソコンの前にずっと座っているだけです。座りに行っているようなものです。パソコンも得意ではなく、聞く人もおらず、今の仕事も正直辞めたいです。私の能力が足りないのなら契約を切ってほしいと何度か頼みました。治療に専念したいので辞めさせてほしいとも言ったことがありますが、休職を勧められ、契約は切られることはなく今に至っています。

コロナ騒動で自宅待機になった際も、私だけテレワークの設定をしてもらえませんでした。次の仕事を探そうにも、また同じことの繰り返しかと思うと足がすくみます。前述した通り、母の施設探しや自身の身体のこともあり、残念ですがフルタイムでは働けません。転職も難しいと思います。かと言って仕事らしい仕事もなく、ずっと座っているのもつらいです。

会社との交渉術など、どうかご指導ください。

回答　あなたと雇い主の利害は一致しています

　ふしぎなご相談です。仕事がないのに会社を辞められない、辞めさせてほしいと言っても辞めさせてくれない……それでもお給料をくれるのですから、よほど会社に余裕があるのでしょうか。もしかしたら、このお悩みはコロナ禍のもとですでに過去のものになったでしょうか？　「契約が切れることなく今に至る」と聞けば、派遣のオネエさんたちはどんなに羨ましいことでしょう。

　考えられる理由はひとつ、障害者雇用促進法によって企業に課せられた障害者雇用率（民間企業は二・三％）を維持したい、というものです。これを推進すべき官庁が障害者雇用率を満たしていないことが暴露されて、問題になったこともありましたね。

障害といっても人によっていろいろ。歩行困難なだけで通勤ラッシュさえ避ければ一般社員と同じように通勤できるあなたは、会社にとって障害者権利条約にいう「合理的配慮」をしなくてもよい、つごうのよい障害者。車椅子障害者ならスロープやユニバーサルトイレを用意しなければなりませんし、視覚、聴覚障害ならコミュニケーション保障をしなければなりません。

それでも仕事もないのに職場に居続けるのはつらい……とお考えなのはあなたがマジメだからですね。会社にはほかに仕事もせずに給料をもらっている社員はいませんか？　パソコンを開けても見ているのはアダルトサイト、みたいなオジサンは？

「わたしに何かできることはありませんか？」と言ってみてとくになければ、勤務時間中に自己研鑽《けんさん》に励んでください。資格取得のための勉強とか、パソコンのスキルを身に付けるとか、やることはいくらでもあるでしょう。

「給料泥棒」と言われたら「わたしを雇用しているだけで会社に貢献しています」と言い返してください。障害者の特権ですって？　そんなことを言う人には、「じゃ、あなたも障害者になりますか？」と言えばいいんです。好きで障害者になったわけじゃなし、障害者雇用は企業の社会的責任です。

どんなに引き留められても、辞表を出せばいつでも辞められます。軽度の障害なら障害年金も低額ですし、今のお給料がなくなるとあなただってお困りでしょう。会社はあなたを利用する、あなたも会社を利用する、利害は一致しています。「いてもらう」だけで会社にとって価値がある……そう思って堂々と居座ってください。

37 なぜか心が満たされない

相談者　女性　四〇代

四〇代後半の独身女性です。東証一部上場企業に正社員として働いています。今まで結婚願望、出産願望があった時期があり、ありがたいことにプロポーズして頂いたことも何度かありましたが、結婚は決断できませんでした。現在は、結婚願望、出産願望は全くありません。

仕事は心身ともにハードで辞めたいと思うことは多々ありますが、独りで生きていくためにはと腹をくくり、なんとか続けています。信頼できて、心を許せる女友達や食事に誘ってくれる男性がいて、生涯を通して楽しめる趣味を持ち、そこそこ資産もあります。

ある程度の年齢になったら老人ホームに入ろうと考えています。自分で全て選択してきた人生に納得していますし、将来の不安もあまりありません。

それなのに、なぜかいつも心が満たされず、ポッカリと穴が開いているような、もの悲しく、寂しい気持ちになります。自分でも理由がわかりません。

どうしたら心が満たされるのでしょうか。

また、私のような独身女性が充実して生きていくためのアドバイスをお願いいたします。上野千鶴子先生にご回答頂けたらありがたく存じます。

上野先生の著書『おひとりさまの老後』は読ませて頂いたので、その他のアドバイスを頂けたらありがたく存じます。

回答　「独身」が原因と思い込んでいるのでは

あなたのご相談を少々立場を変えてつくりかえてみましょう。

「四〇代の専業主婦。夫は一部上場企業勤務で、順調に出世しています。子どもにも恵まれ、趣味や旅行を共にする女友達や、サークル仲間で男性の友人もいます。不本意なパート勤めに出ずにすみ、好きな稽古事にもうちこめる余裕のある暮らしを夫に感謝しています。老後を子どもたちに頼る気はないので、ふたりで有料老人ホームに入ろうねと夫とは話し合い、そのための蓄えもしています。自分で納得して選んだ人生、つつがなく過ぎたことを感謝していますし、将来の不安もあまりありません。それなのになぜか、いつも心が満たされておらず、ポッカリと穴が開いているような、もの悲しく、寂しい気持ちになります」

ここまでくれば明敏なあなたにはとっくに察しがついているでしょう。性別を入れ替えても、職業や立場を変えても、同じ相談が成り立つと。

あなたのご相談の問題は、前段が原因、後段がその結果という因果関係をもとに成り立っていること。空虚な気持ちに「自分でも理由がわからない」というあなたの落とし穴は、「もし独身でなければきっと人生は充実していただろう」と思い込んでいるところにあります。

とりあえず、前段と後段の因果関係を断ち切ってください。そうすればあなたが向き合うべきは、いまこの時の空しさ、さみしさになります。

四〇代後半。人生の盛りは過ぎ、とりかえしのつかない思いややりなおしのきかないことで過去はいっぱい。自分の人生が下り坂に入ったと痛切に思わざるをえないのが、この年齢です。女性なら閉経というカラダの変化が伴いますし、男性なら組織内の自分のポジションに見極めがついているころです。「自分で納得して選んだ人生」、後悔はなくとも、何か大事な宿題を忘れたような索漠とした思いを味わっていることでしょう。

とはいえ、人生一〇〇年時代。まだまだ後半生は続きます。あなたの「ポッカリと穴が開いているような」気持ちは子どもの頃からつづいているわけではなさそうですし、「腹をくって」つらい仕事を続けてきたときにも、そんな気持ちを味わう余裕はなかったでしょう。

過去をふりかえってどんなときなら充実感を感じられたかを思い出してください。思い患うことのない今は、人生の踊り場。空虚さはその代償です。

38 「味ハラ」を回避したい

相談者　女性　二〇代

二〇代の女子大生、「味覚ハラスメント」に悩んでいます。

私は甘くないお酒とコーヒーが大の苦手です。食べず嫌いではなく、試した結果「自分には合わない」と感じています。困っているのは、これらを好きでないというだけで上から目線で物申されることです。

ゼミ室でコーヒーがいるか聞かれ、「苦手なので大丈夫です」と言うと、コーヒー通を自称する男性の院生に「本当においしいコーヒー飲んだことないから、そんな風に感じるんだろうねえ」と嫌味ったらしく言われました。飲み会では、梅酒など甘いものを飲んでいると、聞いてもいないのに「酒豪アピール」「甘いのは子どもっぽくて飲めないアピール」してくる手合いが必ずいます。

私はケーキが好きですが、ケーキが苦手な人に「本当においしいケーキ食べたことないからそう感じるんだよ」だなんて絶対に言いません。味覚なんて千差万別、優劣をつける行為自体、馬鹿げていると思うからです。一度「人それぞれでいいじゃないですか、もう」と返したら逆切れされました。

味ハラをする人は「自分の味覚がいかに成熟しているか」を上から目線でマウンティングしてきます。就職しても、またいろんな人から味ハラを食らうかと思うと今から胃が痛みます。上野先生、どうすればストレスなく回避できるでしょうか。

回答　独身ハラスメントにそっくり

世にセクハラ、パワハラ、マタハラ、独ハラなどといろいろのハラスメントがありますが、「味ハラ」は初めて知りました。「また味ハラを食らうかと思うと今から胃が痛みます」なんて、その表現力にうまいっ、と座布団一枚、あげたくなるくらいです。

「本当においしいコーヒー飲んだことないからなんだねえ」っていうのも、「本当にいい男に出会ったことがないからなんだねえ」という独身ハラスメントとそっくり。世の中に価値の一元尺度があるところではどこでも、パワーゲームが起きるんですね。昔は男は黙って食い物のよしあしを言わないものでしたが、このごろは食通が男の教養のアイテムの一つになり、蘊蓄飯《うんちくめし》が多くなりました。

蘊蓄聞かされて食べるのは飯がまずくなるから、うなずき代におごってもらうより、自腹を切ってうまい飯を食うほうがまし、てなもんです。

この手合いを黙らせるには、「わたしコーヒーアレルギーなんですぅ」と言えばＯＫ。世の中にはそばアレルギーや卵アレルギー、小麦アレルギーなどさまざまなアレルギーがありますから、「コーヒーアレルギー」を発明してよいかも。この一言で撃退はできますが、今度は「かわいそうに、コーヒーが飲めないなんて、人生の楽しみが少ないんだね」とかえって哀れまれるのも癪《しゃく》に障ります。

マウンティングにはマウンティング返し。「わたし、コーヒーは口に合わなくてぇ」の次に「でも、スイーツにはうるさいんですよぉ」。チーズケーキにはベークドとレアがあって、ニューヨークスタイルもいいけどシフォン風もいいし、モンブランは和栗の期間限定がどこそこに、ショコラティエとなったら奥深くて……と蘊蓄返しをしたら、相手は辟易《へきえき》して食べものの話題を出さなくなるでしょう。ときどきはレアものの蜂の子談義とか、猿の脳みそとかを出せば相手はついていけなくなります。

食べものの好きずきはほんとに人それぞれ。「うまい、まずい」ではなく「口に合う、合わない」と言ってくれたらいいんですけどね。

「死ぬ前に食べたい最後の食事」に対する答えの大半はおむすびとかカレーライス。寿司もステーキも出てきません。ちなみにわたしの選択は、炊きたての白いごはんに明太子と海苔《のり》。究極のグルメが行き着く先もこの程度と思えば、食談義は笑ってやり過ごせる罪のない話題と、寛容の精神で接してください。

第6章　ジェンダーは再生産される

39 弟に家事をさせぬ母にイライラ

相談者　女性　二〇代

二〇代女性です。大学でジェンダー学を専攻しています。授業のテーマで女性の生き方を扱うことも多く、女子が社会進出するためには男性と協力して家事を行うことがかかせないと考えています。

しかし、わたしの家庭では、父は家事をほとんどしません。ほぼフルタイムで働いている母が「少しは家事をしてよ」と言うと、「稼いでいるのはオレ」と言い返します。母はそんな父を変えるのは無理だと諦めているようです。わたしと弟も家事は母が行うものとして考えてきたので、洗濯物の取り込みや、お風呂掃除くらいしかやってきませんでした。

そのころの母は忙しく、イライラしていることが多かったので、家庭の雰囲気も、あまりよくありませんでした。

しかし、ジェンダー学を学び始めてからは、今までの行動を反省し、積極的に家事全般をやるようになりました。しかし、そうなってみると、父と弟が家事をしないことがとても気になるようになり、それを注意しない母にイライラするようになってしまいました。

母は父のような男性は古いと言っているのにもかかわらず、どうして弟にほとんど家事をさせないのでしょうか。このことで、母と最近ケンカをするようになりました。わたしは将来弟に家事をしない男性になってほしくないのですが。

回答　彼を変えるのは「将来の妻」です

ふーん、両親ともにフルタイムで働いているのに、お父さんは「稼いでいるのはオレ」っていうんですか。収入が妻より多いだけで？　しかもそれは夫の能力のせいではなく、男女賃金格差という構造的な要因のせいで、夫の給料が上げ底になっているだけだということも知らずに？

とはいえ経済力は権力です。あなたのお母さんは長年にわたって夫婦間で権力闘争をやってきたあげく、敗北したのでしょう。夫を変えられない妻のなかには夫を捨てたり替えたりする女性もいますが、あなたのお父さんは捨てられなくてすんだんですね。

たぶんお母さんはカラダも丈夫なスーパーウーマン。フルタイムの仕事をこなし、夫の協力なしにワンオペでふたりの子どもを育て、しかも子どもに手伝いを要求せず甘やかし……あなたもそれにどっぷり漬かってきたんですね。

大学でジェンダー研究を知って反省したんですね。よかったです。日常生活に疑問を持つと、これまで当たり前だと思ってきたことがストレスになります。自分は変わったのに、変わらない父と弟がストレス源になったんですね。

しかたないです、あなたは大学でジェンダーを勉強していますが、彼らにはその機会がありません。それに勉強する気もないでしょう。

お父さんを変えるのはお母さん。あなたではありません。この夫婦関係を何十年も続けてきて、変える気は双方共にないようですね。お母さんには不満がどっさり溜《た》まっているようですが。いずれ夫の介護が始まったり、夫が妻に先立たれたりしたら、ツケが回ってきそうです。

弟を変える責任もあなたにはありません。母も要求しないなら、あなたの言うことなんて聞かないでしょう。なのに自分ばかりが家事に協力していることに不公平を感じてるのですね。家事能力は性別を問わずあって当たり前、自分の修業だと思って身につけてください。

弟さんを変えるのは彼の将来の妻です。その前に、もう私の世代の女の子たちはお母さんみたいに黙って家事なんてしないよ、お父さんみたいな生き方はもうあんたの世代の男たちにはできないよ、とデータを示して教えてあげてください。こういう時に学問は役に立ちます。そのうち女性から捨てられたら、「だから言ったでしょ！」と言ってあげればいいんです。でも改めるに遅すぎるということはありませんから、女性にもまれて彼も変わるでしょう。それを楽しみにしていてください。

40　職場で女性が軽んじられている

相談者　会社員女性　二〇代

二〇代の女性会社員です。今の会社に勤めて二年がたちます。男尊女卑で選民意識の高い社員ばかりの組織です。

他部署の社員からの質問に対し、同じ内容でも私が回答するのと、男性である上司が回答するのでは、相手の反応が全く異なります。相手が上司の意見を尊重するのは分かりますが、ハナから私を眼中に入れていない気がしてなりません。女はいいから男を出せ、と言わんばかりです。これは同性である同僚たちに対しても同じです。

また、社内の人間が訪ねてくるときは、あいさつも無ければ名前も名乗らずいきなり用件を話し始める人が多過ぎます。あきれて「部署名とお名前を伺えますか?」と聞くと、まるで自分が社長であるかのような上からの物言いです。

私は今の仕事が大好きです。メインには携わっていませんが、この会社が作り上げるものをよりたくさんの方に手にして欲しいと思っています。ですが、働く人たちを見ると悲しくなります。作り上げたものを手にしたお客様のことより、自己満足で仕事をしているんだなとついつい思ってしまうのです。

自分ではなく相手を変えるというのは、ほぼ不可能だと思っています。上野先生、どうしたらこの組織で相手と対等に、わたりあっていくことができるでしょうか? どうか、お知恵を貸してください。

回答　性差別？　年功序列？　まずは見極めて

二〇代、就職して二年目。「男尊女卑で選民意識の高い」会社とは、典型的な大企業に就社なさったんでしょうねえ。さぞお給料もよいことでしょう、おめでとうございます。

ところで相談にあるような扱いをあなたが受けるのは、あなたが「女性」だからでしょうか、それとも「新入社員」だからでしょうか？　同期入社の他の男性社員がどんな扱いを受けているか、観察してみてください。もし彼らも同じ扱いを受けているとしたら、それはたんにキャリアの浅い新人を軽んじているることになりますし（年功序列の強い組織ではありがちなことです）、もし同じ新人なのに男性社員と女性社員とで扱いが違うなら、不当な女性差別ということになります。あなたの文面ではどちらかが判断できません。新人より上司の回答が重きを置かれるのはあたりまえですし、社内の訪問者が上から目線なのも、就社二年目のあなたよりも上位の社員ばかりだからでしょう。

もしこれが体育会系ばりの年齢と地位による序列なら、あなたの勤続年数が増え、地位が上がればおのずと解決します。今度はあなたが威張るだけですが。あるキャリア女性がこう言っていました。「五〇歳超えるとラクよぉ、周囲の男どもが全員年下になって、クン呼ばわりできるから」と。日本の組織では性別より、地位と年齢の序列の方が強いからです。

もしこれが女性差別なら……。この組織にあなたの未来はありません。この先、配置転換、査定考課のすべてに性差別が伴うでしょう。あなたが能力を発揮する機会も与えられないでしょう。

わたしの推論が正しいかどうかは、先輩の女性社員を見てください。何年勤続した女性が、どんなポストでどんな仕事をしているかを。そしてこの組織にこのままいて何年たてばどうなるか、を想像してください。新人の男性社員たちもそうやって先輩を見ながら、自分の何年後かを想像しているはずです。

仕事が好き、会社の製品が好き、でも働いている人は愛せない。ままあることですが、そこにいつづければあなたも「愛せない社員」のひとりになりますよ。同じ組織のなかに、いつかこうなりたいという尊敬できるモデルがないようなら、早めに見切りをつけたほうが賢明かも。

それでもその職場で生き残りたいなら「対等にわたりあう」だけの実力をつけてから差別と闘うべきですね。

41　ジェンダー格差に怒り

相談者　会社員女性　三〇代

三〇代の女性会社員です。社会に対するどうしようもない怒りと、悲しみを抱えています。それはジェンダーの格差です。

女性に対する差別的な発言（性的なこと、容姿や年齢に関することなど）は、日常茶飯事です。私はなるべく、そうした発言に対し、意見を言うようにしています。相手に合わせて、なるべく効果的な言い方もするように気をつけています。

しかし、理解されないことも往々にしてあります。男性から「だから君はかわいくない」「悪気はないんだからいいじゃない」などと言われたこともあります。そう言われると、正直、馬鹿らしいとしか感じません。自分の意見が相手に必ずしも伝わるわけではない。それは理解しているので、しょうがないとも思います。

周囲からは「いちいちそんな人、相手にしなくていい」「どうせ日本は変わらない」「あんまり深く考えないほうがいい」とも言われます。しかし、セクハラや性被害以外にも、家事育児の問題や賃金格差など、日本が抱えるジェンダーの格差が是正される兆しがない現状を鑑みると、どうしてもやりきれません。私と同じような思いをしている女性が周りにはたくさんいる分、余計に見て見ぬふりはできません。このやり場のない怒りや悲しみはどうすればいいのでしょうか。

上野千鶴子先生、ご回答をお願いいたします。

回答　「#MeToo（私も）」と声を上げましょう

はい、お気持ちはよぉ～くわかります。この欄の四人の回答者のうち、上野にご指名いただいた気持ちもよぉ～くわかります。ジェンダー格差と言わずに、ハッキリ「性差別」と呼びましょう。格差には容認できるものもありますが、差別は不当だからです。

セクハラや性被害以外にも、家事育児の分担や賃金格差など、日本が抱える性差別が是正される兆しがない現状を鑑みると、「やりきれません」というあなたの思いは、わたしも共有しています。「深く考え」れば考えるほど、「悪気がなく」横行している周囲の性差別に「やり場のない怒りや悲しみ」を感じるのももっともでしょう。

そんな「怒りや悲しみ」の対処法は、まずもって#MeToo（わたしも）と声を上げ、#WeToo（わたしたちだって）や#WithYou（あなたと共にいるわ）と言ってくれそうな仲間を求めることです。そして#NotSurprised（やっぱりそうなんだ）と納得し、私たちは性差別に怒ってよいと自信をつけることです。「怒れる大女子会」や「ちゃぶ台返し女子アクション」など、ネット上でもリアルでも「正当に怒る女」たちにはいっぱい出会えますよ。怒り方の作法は覚えたほうがよいですが。

かつて「職場の潤滑油」と呼ばれたセクハラは処分の対象になり、「あってあたりまえ」だった痴漢は犯罪になりました。「どうせ日本は変わらない」という周囲には、日本はこんだけ変わってきたんだと教えてあげましょう。そしてそれを変えてきたのは女の怒りであることも。逆風は実力の関数、とわたしは考えてきました。バッシングが来るのは、怒る女が目障りな証拠。目障りな女になりましょう。

はい、怒る女は「かわいくない」です。でも「かわいく」て得なことってありますか？　かわいいったあ、相手を脅かさないってことよ。職場では侮られるだけ。三〇代でかわいいなんてバカにされてること。男から「かわいい」と言われているうちは、「私はあなたを絶対に凌駕《りょうが》しません」と女が宣言しているのと同じ。「かわいい」より、一目置かれる女になりましょう。

日本にもっと「怒る女」「怖い女」「目障りな女」が増えるとよいと、わたしは思っています。おお怖《こわ》、と言われるくらいがちょうどよい。怖い女と言われてきたわたしは、そのせいで損をしたことが一度もありません。イヤな男は避けて通ってくれますし、ストレスフリーです。

42　女性の間にもある昇進格差

相談者　女性　五〇代

　五〇代女性、新卒で入った会社で課長補佐をしています。昇進格差のことで相談させてください。会社も女性管理職を増やそうと対外的に数値目標を掲げていますが、実際には管理部門のみ女性管理職が増え、私がいる営業部門はまだまだ男性の聖域のようになっています。

　それでも昇進している女性はいますが、二種類に限定されていると感じます。(一)残業もいとわずバリバリ働くバリバリキャリアタイプ。結婚はしていても子どもはいないことが多い、(二)役員クラスから覚えめでたき人──。
　(一)のタイプは、これを女性リーダーのロールモデルにされてもちょっとなぁと違和感があります。ここまで働かないと昇進できないんだと。男性ならナマケモノでも昇進している人はいます。(二) については、どうしたら雲の上の役員に気に入られるのか教えてほしいくらい。実力については疑問符がつきます。

私もがんばってきたつもりですが、どんどん年下の男性社員や、管理部門の同性の後輩に追い抜かれ、やりきれない思いに襲われます。「うちの課がまわっているのは○○さん（私）のおかげ」などとおだてられても、このまま使い倒されるのだろうなという気がしています。

出世は運やタイミングによると頭でわかっていても、時折襲ってくるモヤモヤ感に、どのように打ち勝ち、日々穏やかに過ごすことができるでしょうか？

回答　定年後視野に、目指すべきは「ヨコ出世」

五〇代、新卒入社の会社員人生なら、三〇年勤続で課長補佐、ですか。たぶんあなたが男ならとっくに課長になっていたでしょうねえ。営業部門といえば実力主義。営業成績さえよければ昇進、となるでしょうに、少数派として苦労してこられたのですね。

女性管理職の二類型、あなたの観察眼は鋭いです。（一）のバリキャリタイプは「男並み」型、その代わり女を捨てているか、子どもがいる場合は祖母力という強力な資源がついていたりします。（二）はオジサンのペット型。上司にかわいがられて重宝されるが、セクハラにも遭いやすいタイプです。大学でも職場でも、女子が少数派のところでは女の生存戦略は、そのどちらかに分化します。女が少数派でなくなればそれも変わるでしょうが、そのためには時間がかかりそうですね。

「かわいい」ったあ、あなたの地位を脅かさないってことよ……というわかりやすい定義に従えば、たぶんあなたの職場では男でも、上司がかわいがる無能な男が出世していることでしょう。友人の男性が「人事の要諦は自分よりすぐれた人材をひっぱってくること」と喝破しましたが、そんな胆力のある男はめったにいません。たぶんあなたの職場は同族会社か何かで、ことなかれでまわってきた企業ではないでしょうか。

五〇代といえば定年後再雇用まで含めてあと一〇年ほど。あと一〇年、がんばって「男並み」に管理職になったからといって満足ですか?「会社命」で生きてきたわけでもなさそうですから、定年後のソフトランディングを見据えて、ご自分の第二の人生を設計なさってはいかがでしょうか? とりあえず定年まで勤めて退職金と年金は確保しましょう。会社ファーストより自分ファーストです。自分のエネルギーと時間の配分の優先順位を考えましょう。

会社の中でタテ出世するのに対して、会社の外でなくてはならない人材になるのを「ヨコ出世」と呼びます。営業畑で業績をあげてきたあなたなら、どこに行っても通用するでしょう。「定年男子」に対してこれからは定年女子も退職後の職場ロスに苦しむだろうと予測するひともいますが、わたしはそんな定年女子を見たことがありません。なぜなら女性は会社に半身でしか関わってこなかったからです。それというのも男並みに貢献しても男並みに報酬が返ってくるとは限らないと、骨身に沁《し》みて知っているからです。そしてその態度を「正気」と呼びます。

43 育児を優先、仕事が中途半端に

相談者　女性　三〇代

三〇代女性です。現在、正社員の事務職で、結婚し子どもが二人います。

育児のためになるべく忙しくない業務を意識して職場を異動しましたが、仕事は補佐的なものが多くやりがいが持てず、周りにはスマホをいじってばかりの同僚がいます。身近に尊敬できるロールモデルもいません。

女性の働き方として、子育てのために完全に土俵を降りるか、子どもを放任し男性並みに働くかという、二択しかないように感じます。出世欲はないのですが、子どもたちに誇れる自分でいたい、やりがいのある仕事をして人の役に立ちたいという思いはあります。

昔からの夢があり、異動を希望すればその業務につける状況ですが、大変忙しく、人の命に関わる業務のため行く勇気がなかなか持てないままです。

子育てや介護を理由にやりがいよりも家庭、と割り切っている同僚もいますが、私にはできません。かといって、毎日遅くまで残業し、家事や育児もできないというのも不本意です。夫にも分担してもらっていますが、これ以上の負担増は難しいと感じています。中途半端な自分に焦燥感が募る毎日です。

このまま、子どものために、しばらくは我慢すべきでしょうか。それとも、母親としての役割をある程度は諦めて、人生に後悔しないためにも自分のやりたいことをすべきでしょうか。

回答　「戦力外通告」が悔しくても早まらないで

仕事か育児か？　古典的なお悩みですねえ。かつてと違うのは、仕事をやめるかやめないかではなく、仕事を続けることが前提で、どんな働き方をするかの問いに置き換わっていること。そう、あなたの置かれた状況をジェンダー研究の用語では「マミートラック（母親向け指定席コース）」と言います。大企業の正社員なら育休も権利としてとれる。ですが復帰したら責任も負担も軽い時短職場に異動させられます。

あなたはご自分から異動を希望なさったようですが、結果は同じ。いわば職場から「戦力外通告」を受けたようなものです。そりゃ、悔しいでしょう。その悔しさに耐えきれずに離職する女性もいますが、早まらないでくださいね。

安定した正社員のポストを持っているあなたが今ここで離職したら、パートで再就職しても生涯で2億円近い逸失利益が生まれますから。

マミートラックの問題は、いったんそこにはまったら抜けだせなくなることです。再チャレンジの機会がないところもありますし、働く側も二流の指定席に甘んじて意欲を低下させてしまう。これを「すっぱいぶどう」症候群と呼びます。手に入らないものは望まないという態度です。女の力を生かさないなんて、もったいないこと！

文面によればお子さんは二人。年齢が書いてありませんが、子育ては期間限定。ふたりとも小学校へ行けば、そしてやがて中学校へ行けば、いまのお悩みは吹き飛びます。そのうち子どもの方から親がかまうのをいやがるようになるでしょう。

あなたの勤め先は本人が希望さえすれば負担の軽い業務にも、やりがいのある職場にも、自由に異動させてくれるようですね。子どもが小さいうちは人生の優先順位が変わります。人生は長いです。そのうち子どもが大きくなればフルスロットルで働けるようになる……それまで「しばらく我慢すべき」とご自身が書いておられる結論に達するのは、「あと少しの辛抱や、子育てを優先しなはれ」という姑《しゅうとめ》みたいでイヤですが。

ご自身で「人生に後悔しないために」と書いておられるように、どちらを優先したら後悔しないか、それを基準に答えを出してください。後から取り戻せることと、取り戻せないことがあります。それにしても、あなたのパートナーにとっては、子育ては「人生の優先事」ではないのでしょうかねえ。あなたひとりが悩むのもおかしなものです。

44 独身でいる理由を聞かれる

相談者　女性　六〇代

六〇代の独身女性です。

退職する今までずっと働いていたので、これまでの人生で「主婦」と称する人たちとのお付き合いはほとんどありませんでした。私自身、学校より会社生活の方が性に合っていたと思うので、今まで働いてきた四〇年以上、とても充実した日々を過ごさせてもらいました。

退職したあと、仕事の転勤先だった関東から、故郷の関西に戻りました。そして、地元でボランティア活動や体操教室を通じ、主婦の方たちとお付き合いする機会ができました。

そういうとき、「ご主人の転勤先についていかれたのですね」と言われるので、「いいえ私自身の仕事のためでした」と答えます。すると、よく聞かれるのが、こういった質問です。

「これまで一度も結婚されなかったのですか?」

「なぜ?」

残念ながら、皆さんを納得させられるような理由がありません。好きに生きてきた結果、現在がこうであるだけなのですから、いつも何と答えたらいいのか悩みます。

結婚したのなら、その理由は「こんな出会いがあって」とか「友人の紹介から始まった」とか、いろいろあるとは思うのですが、しない理由というのはないのです。

主婦の方には分かってもらいにくいですが、どうしたらいいでしょうか。

回答　「独ハラ」対策を教えましょう

　ふふ、来ましたね〜。ずっと「戸籍に×のない負け犬シングル」の上野です。独身であることにお悩みはなく、既婚女性にいちいち独身でいる理由を聞かれる独身ハラスメントがイヤ、なんですね。

　二〇二〇年の統計ではあなたとほぼ同世代の生涯非婚率は女性九%、男性一七%程度。わたしの同世代（団塊世代）の非婚率は女性五%、男性九%と圧倒的に少数派でしたが、二〇一五年の統計では生涯非婚率（五〇歳になった時点で一度も結婚したことのない人の割合）は女性一四%、男性二三%。現在三〇代の男女が五〇歳に達する頃には生涯非婚率は女性の四人に一人、男性の三人に一人になると予想されていますから、非婚はひとつのライフスタイルになるでしょう。猫も杓子《しゃくし》も結婚した皆婚社会は過去のものになりました。とはいえ、自分が人口学的少数派に属することは自覚しておきましょう。

たしかにあなたが言うとおり、結婚は決断しないとできません。独身は決断しないままの状態が持続しただけ。攻撃は最大の防御。質問には質問で返す。それなら「迷って一人に決められなかったんですぅ。よく決められましたね。（後悔してませんか？　をつけてもよい）」「ええっ、たった一人だけと一生セックスするなんてすごい決断ですね！　わたしにはできませ〜ん」「周囲に羨ましい結婚生活してる夫婦がいなかったもんですから〜」「結婚して何かいいことありましたか。あったら教えてくださ〜い」。ま、周囲の主婦に嫌われること請け合いですけどね。

予想される答えは「結婚はともかく、子どもを産んだことは最大の宝物」。そういうときは素直に「うらやましいわあ、でも子どもさんで苦労してらっしゃる方もたくさんいらっしゃいますね。子どもを育てる喜びを味わわなかった代わりに、リスクも背負いませんでしたから」と。

女として「結婚して一人前」より「母になって一人前」という方がずっと根

強い神話。「子どもを産んで初めて学んだことが多かった」と言う女性に対して、わたしの友人はこう言い放ちました。「子どもを産んだおかげで、この程度ですんでいるのよ」

ライフスタイルが違うなら互いに異文化、と思って異文化交流を楽しみましょう。へえ、ほお、主婦ってこんなふうにものを考えたりふるまったりするのか、とオドロキの連続です。気配りとまめまめしさは働く女より主婦の方が優位。わたしは主婦経験者の方たちにほんとにやさしくしてもらって主婦文化を尊敬しています。そのためにはまず自分が「異文化」だと相手に認識してもらいましょう。

第7章

老いても悩みはつきない

45 杖を使いたくない

相談者　女性　九〇代

九〇代女性です。

つまらない自分のことですが、聞いていただきたくてペンをとりました。

脚が悪く、また腰も五年前から痛み出しました。お医者様に行って検査していただきましたところ、手術しか手がないと言われました。

もちろん手術なんかする気はありません。

背中が曲がってきているのです。内臓はどこも悪いところはありません。それに、座っているときは、腰が痛むことはありません。

困るのは、日々の買い物などの外出時です。百貨店では椅子を探して座りまくりです。

それを友人に話したところ、「杖をつけば楽に歩けるのに」と言われました。実は主人がのこしていった杖があります。この間、外出時に試してみました。なるほど、楽でした。

もっと早く使えば良かったなァと思いました。けれど、その半面、杖をつく自分の姿が嫌でたまりません。なぜ嫌なのか、自分で自分がわかりません。自分でも、わがままなことを言っていると思います。また、人様が杖をついて歩いておられる姿を見ても、何の抵抗もありません。ですが、嫌なものは嫌なのです。

何か良いアドバイスをいただけませんでしょうか。よろしくお願いします。

回答

老いに抵抗する姿勢はお見事ですが……

まず全身が映る姿見にご自分の姿を映してみてください。誰から見ても老女に見える姿が映っているでしょう。ショックでしょうが、それがあなたの現実です。そして歩いてみてください。前屈《かが》みのちょこちょこ歩きになるはずです。次に杖を使って立ってみてください。腰がまっすぐになるでしょう。三点支持で重心が安定しますから、歩いても踏み出しが良くなると思います。どちらがご自分ではお好きですか？

加齢に伴って足腰が衰えるのは防げません。目が見えにくくなればメガネ、耳が遠くなれば補聴器、歯が使えなくなれば入れ歯と、肉体の衰えを補完する各種の補助具が出揃っています。歩行が難しくなった人には、杖だけでなく、歩行器、車椅子など様々な福祉用具があります。杖だって進化して、お洒落なイラスト入りや、折り畳み式、杖先が四点に分岐して安定しているものなど、いろいろです。たった今、杖を使うことをためらっているあなた。これから将来にわたっても、歩行器や車椅子を使うのがイヤですか？

夫が残していった杖があるとのこと。他人様が杖を使う分には「何の抵抗もない」そうですね。しょせん他人事だからでしょう。でも我がこととなれば別。老いる姿に抵抗感がおありなのでしょう。

九〇代になってなお、老いに抵抗していらっしゃるのはお見事！　ですが、これからだって加齢は進行します。すでにメガネや補聴器のような補助具を使っておられるなら、杖を拒否なさる理由はなさそうですが。

エジプトのスフィンクスは通りがかりの旅人に謎かけをして、答えを間違うととって食ったとか。その謎とは「朝は四本足、昼は二本足、夕方には三本足になるもの、なあ〜に？」というもの。答えは「人間」です。生まれた時はハイハイで四つ足。それから立って歩けるようになってからは二足歩行、そして老いては杖を持って三足歩行。世界中どこでも、老いたら杖が必要なのは、古代エジプトの昔から普遍的なようです。

「イヤなものはイヤ」というこだわりが、あなたの前向きの姿勢の秘訣かもしれません。ですが、それも賞味期限つき。体力・気力が衰えれば、好きも嫌いも言っていられなくなります。ご自分の老いを受け入れて、穏やかに過ごされてはいかが？　加齢に抵抗するひとほど、これから先、自分の衰えを認めるのがますますつらくなりますよ。老婆心まで（笑）。

46 オレオレ詐欺に遭った私

相談者　女性　八〇代

八〇代女性です。

私はつい最近、オレオレ詐欺に遭いました。初めは騙《だま》された自分が悪いと、すぐにあきらめようと思いました。

また騙されたことが恥ずかしく、誰にも言わないでおこうとも考えました。

でも時が経つにつれて悲しくなり、涙が出ました。

美しい日本、戦争がない平和な日本。そんな国に生まれた人間が、弱い老人を騙すなんて、とても恥ずかしいことだと思います。

私たち老人は戦争中、そして戦後の苦しい時代をがんばって生きてきました。

そして今やっと年金をもらえる身分となり、楽しい老後を過ごさせていただき、毎日感謝しながら生きています。

この楽しい老後を、もう少し続けさせていただきたかったと考えるのは、わがままでしょうか。

一方で、老人相手に詐欺をするような人間を生み出した社会を作ってきたのも、私たち老人かもしれないとも考えてしまいます。悲しい気持ちがいっそう募ります。

胃がしくしくと痛み、腸の調子もよくないことから、病院に行きました。今もときどき思い出しては、苦しくなります。どうしたら、忘れることができるでしょうか。教えてください。

回答　被害者なのに自責の念……そのわけは

オレオレ詐欺に遭ったんですって？　あんなにキャンペーンしているのにね。そりゃ落ち込みますよねえ。誰にも言いたくない気持ちもわかります。騙された自分より騙した相手が悪い……のはあたりまえです。年寄りを騙すのも卑劣です。でもね、年寄りの無知につけこんだかんぽ詐欺とは違います。あなたが自分を責めるのは、騙された自分の愚かさだけでなく、オレオレ詐欺があなたのアキレス腱《けん》を突いてきたことに、後ろめたさを感じているからではないですか？

オレオレ詐欺は母心、それも息子を思う母心につけこんだ詐欺です。その証拠には、被害者の大多数は父親じゃなくて母親、それにオレオレ詐欺はあっても、アタシアタシ詐欺はありません。「いま、オレ、窮地に陥っている」ってったって、いくらなんでもアカの他人にお金を出さないでしょう。「母さん、オレ」と電話がかかってきたとき、窮地に陥った息子が自分を頼ってきてくれたうれしさ、不始末をして老いた母を頼るような不甲斐《ふがい》ない息子に育てた親としての自責の念、こんなときこそ自分の出番という自負心、息子から感謝されたいという欲など、もろもろの感情が湧きませんでしたか。

そして騙されたとわかったとき、息子の声さえ聞き分けられなかった日頃の距離、動転して息子に確認の電話もしなかった焦りと愚かさ、まさか自分の息子はそんな親に頼るようなことはしないと信じてあげられなかった哀しさ、こんな親子関係しか作れなかった悔い……がどっと押し寄せてきたのですね。オレオレ詐欺の被害者が申し立てをしにくいのは、こういう自責の感情が渦巻くからでしょう。

これから解放されるには、息子さんとこういうやりとりをするしかありませんね。「おまえがかわいくて、母さんは騙された。愚かだったよ、おまえを信じてやれなくて。許しておくれ」。こう言われたら、息子さんはまちがっても、母親を責めてはなりません。「母さん、わかってるよ。何もかもボクのためだったんだね。でももうボクはオトナだから大丈夫。困ったことがあっても自分でなんとかするから、母さんは心配しないで」って。

とはいえ、警告してもしても、いつまで続くオレオレ詐欺。八〇代の老母から五〇代や六〇代のいい歳をした大人の男が金を無心するような自立しない親子関係からは、いいかげん卒業して、互いに親離れ・子離れいたしましょう。

47 友だちがいないことが寂しい

相談者　女性　六〇代

六〇代女性です。

友だちがいないことに悩んでいます。「こんな歳で?」と思われるかもしれませんが、深いつきあいが続きません。

引っ込み思案の性格のせいだとも思うのですが、一度だけなら、自分から思い切って電話をして会う約束をし、話をすることはできます。

でも、何回も続かず、相手からの電話がないと、つい自分のせいで何か嫌な思いをさせたのではないかと考えてしまい、次の電話をかけることができなくなります。

一人っ子として育ち、小さいときから、一緒に学校に行っていた友だちに新しい友だちができると、自分からは二人の間に入っていくことができず、いつのまにかよそよそしい関係となって、寂しい思いをしてきました。

自分を変えたいと思ってきましたが、できないままこの年齢になってしまいました。

主人に相談すると、「趣味の友だちで、気が合う人がいればいいんじゃない」などと言われます。男性には理解してもらえないのでしょうか。

寂しがりやで独占欲が強く、不満ばかりの性格を変えていきたいと思います。いつか独りになったとき、こんな私のままでは不安でたまりません。

どうすれば良いか教えてもらえませんでしょうか。

回答　「〇〇なしで済ませる」を考えてみましょう

こういうご質問を受けるたびにふしぎに思うことがあります。六〇代、半世紀以上も生きてきて「友だちなし」ですんできたのだから、これから先も「なしですむ」とはどうしてお考えにならないのでしょう？　しかもご自身で「自分を変えられないままこの年齢になった」とお認めになるなら、これから先も自分を変えないまま、お過ごしになったらいいじゃありませんか。

人生には「なしですませる」ことができるものはたくさんあります。英語に「do without〜」という表現がありますが、「〜」にいろんなものを代入してみてください。ほとんどのものが入っていって、そのうち夫も子どもも代入しそうになって手が止まる、ぐらいのもんです。

友だちは人間関係の上級編、と言ったのは深澤《ふかさわ》真紀さんですが、それというのも友情は定義できないからです。それに夫や恋人と違って、友人に独占はありません。友人が別の友人をつくるのを妨げることはできません。それにお友だちをつくったらつくったで、距離の取り方や気持ちの行き違いなどで、心が煩わされますよ。今のあなたの心の平安を破ってまで、お友だちがほしいですか？

「お友だちいない」系と他人から思われるのがイヤ、という世間体のために友人を求めるのでなければ、今のご自分に足りないものはない、と満足なさればいいではありませんか。幸いあなたのご相談には夫への不満が片鱗《へんりん》もありません。「寂しがり屋で独占欲の強い」あなたに応えてくれるパートナーなんですね。

いちばんいいのは、夫より一日でも早く死ぬことです。夫より長生きしたいか、夫より早く死にたいかは、夫婦仲のリトマス試験紙。「いつか独りになる」までは夫とよい関係を維持しておられるようで、羨《うらや》ましいことです。とはいえ死に時は選べません。

「いつか独りになったとき」が不安だとおっしゃいますが、案ずるより産むが易《やす》し。同じ経験をしてきた多くの女性が、独りになってからも元気に生きています。何よりあなたには「お友だちがいない」ことに実績と耐性があります。「深いつきあい」などのぞまず、ごはんを一緒に食べるとか、美術館巡りをするとかの「ゆる友」でよいなら、サークルでもツアーでも入ればすぐにできるでしょう。

他人に多くを期待しないこと……。それをあなたは半世紀かけて学んでこられたのではないですか？　自分の生き方を認めてやりましょう。

48

亡き友に問い逃したこと

相談者　男性　七〇代

七〇代男性です。五〇年来の友人のことで相談させてください。

同じ大学から同じ会社に就職し、互いに独身の若い頃はよく遊びました。そのうち彼は同期の仲間たちのリーダーとなり、順調に出世し、部長まで務めました。一方、私は中間管理職止まりでした。友人の出世は自分にとってあまり喜ばしいことではありませんし、ライバル意識がなかったといえばうそになります。それでも在職中は自分もそれなりに納得していました。

二人とも会社にいた時から、出身大学のOB会の活動にも積極的に参加し、盛り上げてきました。共に定年退職して大学OB会の幹部役員になりました。彼は在職中の実績もあって組織の代表となり、私も彼をもり立てて、協力を惜しまずナンバー2の地位にいました。

やがて役員改選の時が来ました。私は自分が代表に推されると勝手に思っていたところ、彼は自分の後継に別の人間を指名しました。私としては、彼から代表をやってみないかと声がかかると思っていたのでしたが、全くの期待外れでした。彼への友情は一瞬のうちに消え去りました。せめてひと言、声をかけて欲しかった。結局、OB会は退会しました。

胸のうちを伝えることができないまま、彼はがんを患い、数カ月前に亡くなりました。どのように心の整理をしたらよいでしょうか。

回答　一生序列を確かめあいながら生きるの⁉

ふーん、男ってこんなもんですかねえ。一生マウンティングしあって、序列を確かめあう関係のなかに生きるなんて。序列のもとで強烈なライバル意識を持ちながら、尽くし尽くされる男同士の関係を「男の友情」とか「同志愛」とか呼ぶのでしょうか。最近では「ホモソ」ことホモソーシャルとも呼ぶようになりました。

日本の企業はこのホモソ集団の中での競争を人事に利用してきました。企業は業績があからさまに評価される厳しい世界。同じ大学から同期で入社したあと、友人は出世。そこでは友人が上位に立つことも納得できたんでしょう。出身大学ＯＢ会もまたこういうホモソ集団の再生産装置。学歴社会はなくなったなんていうけど、学閥とコネは生きています。OB会では業績主義は問われませんから、同期のよしみであなたが「ナンバー2」になったのでしょう。次期代表に指名されなかったことで、献身してきたOB会から退会するほど傷が深かったんですね。

あの時どんな「ひと言」をかけてほしかったのでしょう。「キミを代表に」という期待した「ひと言」は出ませんでした。事前に「相談があるんだけど」と持ちかけてほしかったんでしょうか。それがあなた以外の誰かでも、あなたは納得したでしょうか。事前に相談もなく、予告もなかったこと自体が、彼のあなたに対する判断の証です。

末期がんの彼に「胸のうちを伝え」なくて正解でした。彼が「すまなかった」と言うとは限りませんし、「こんなことにこだわるからキミはいつまでもナンバー2なんだよ」などと言われたら、もっと傷ついて立ち直れなくなるだけでしょう。彼がやったことがあなたに対する彼の評価です。自分の器《うつわ》の小ささに臍《ほぞ》をかんでください。そして自分の器にふさわしい人生をせいいっぱい送ってきた、と思ってください。リーダーばかりがいても組織はまわりません。ナンバー2がいるからリーダーがリーダーでいられるんです。あなたに対するフォローが足りなかったとしたら、彼にもリーダーとしての器量が不足していたかもしれませんね。

なるほど官僚の一人が昇進すると同期が全員出向するという役所の慣行の理由がわかります。ホモソ集団の人事管理術がこの男同士の嫉妬のコントロールにあるとしたら、このパワーゲームに「女が入っていけない／いきたくない」のも道理。今回のご質問は大変勉強になりました。

49 ルーズな人たちを我慢できない

相談者　女性　七〇代

七〇代女性です。私はいわゆる完璧主義に近く、神経質で律義でストイックな性格です。さらに面倒くさいことに、自分に厳しく（これはいいとして）、他人にも厳しいという点で、いつも心のトラブルが起きます。

世の中には私と正反対の、実にいい加減な人が何と多いことでしょう。このことにいつもいら立ちます。時間やお金にルーズ、締め切りやゴミ出しのルールを守らない……。大抵は見て見ぬふりをしていますが、ストレスはたまる一方です。

最近も私が趣味で入っている会で爆発しそうになりました。一年以上も前から分かっていることなのに、提出期限を守らない人が続出。そのため完成がだらだらと延びていき、我慢は限界でした。それとなく指摘すると、皆は「仕方がないわねえ……」「体調が悪い人も多いようだし……」ですと。結局、その会をやめることにしました。

相手と取り決めた約束の日時を守らないことは、一般社会では通用しません。単なる趣味の会だから許されるのでしょうか。他人に迷惑をかけることには違いがないと思うのですが。

世の中、ルーズな人の方が楽しく生きていき、きっちりしている人の方が生きづらい、というのははなはだ不公平だと思う時もあります。いい年をして何を言っているんだと言われそうですが、上野先生にご教授をお願いします。

回答 老いの準備、他人のゆるさ見習って

律義で神経質で完璧主義のあなた。それで七〇年人生を送ってきたのですから今さら生活習慣は変えられませんねえ。その性格で自分を律し、暮らしを整え、子どもたちをしつけ、きっちり仕事をこなしてこられたのでしょう。見上げた人生と、尊敬申しあげます。

おとし穴は、趣味の会が家庭でも職場でもないということ。家庭ならあなたが統治者。行き届いた整理整頓もあなたの流儀でやればよいですし、家族はあなたの流儀に従うでしょう。職場なら、穴を開けられない仕事に几帳面《きちょうめん》なあなたの性格が幸いしたことでしょう。でも趣味の会は、そのどちらでもありません。上司もいないし部下もいない、あなたが主婦として君臨する家庭でもあり

ません。締め切りを守らなくても課題を果たさなくても、強制力もペナルティーもないのがこういう集まりです。

わたしはそれを血縁、地縁、社縁のいずれでもない選択縁と呼んでいます。加入脱退自由だからあっさり脱《ぬ》けられたのでしょう。あなたももう七〇代。今さら家庭や職場に居場所を求めるわけにもいきませんから、そんなあなたの律義さや几帳面さが生かせる選択縁の居場所があればいいのですが。コンピューターみたいに融通がきかない相手だと几帳面さが生きるかもしれませんし、会の会計係を引き受ければ完璧主義が重宝がられるかもしれません。有償ボランティアなら、時間も守らなければなりません。

それでも自分にきびしいだけでなく、他人にもきびしいあなたには、ゆるい関係はかえってストレスになるかも。そうなればひとりでいるほうがまし。残る問題はあなたがひとりでいることが苦にならないかどうかだけです。老いていけば、家庭からも職場からも退いてゆく人生。最後にあなたが支配する領土はあなた自身の肉体と精神。お好きなだけきびしく統治してくださってかまいません。

でもね、老いは自分自身の統治もままならなくなるということ。他人のゆるさやだらしなさに見習って、ご自身にもゆるさやいいかげんさを許してはいかが？　その方がずっと老後が過ごしやすくなりますよ。これから後期高齢期に入るなら、老いを学習するのに遅すぎるということはありません。老いるとは自分の身の始末も自分でできなくなること。介護の専門職も、何もかも自分で仕切ろうとするひとほどやりにくい、と言っています。

第8章　博愛主義のあなたへ

50 アリんこがかわいそうで

相談者　女性　六〇代

六〇代の女性です。

地元の消費者団体に在籍し、大気汚染や放射能の調査をしたり、ノラ猫を捕獲して避妊手術をして放したり、子猫の飼い主を探したりの忙しい日々を送っております。ひまだから、以下のようなことを考えているわけではないと申し上げたくて、まずは自己紹介しました。

毎週、有機栽培の農家から野菜や卵を届けてもらっているのですが、青虫やらテントウムシやらアリやらがついてきます。

テントウムシはたぶん自立していくでしょう。でも、青虫は羽化してチョウになって飛び立つまで、飼い猫や庭に来る外猫から守って、お世話しています（子どもの頃からやっているのです）。

困るのはアリです。アリんこは、農家の畑に仲間がいて集団生活しているのでしょう。私の家の庭に放たれてしまったら、これからこの子はどうして生きていけるのでしょう？　先住のアリたちにいじめられないでしょうか……。

猫フード（アリは大好き）をまいて庭に放してやったのですが、見向きもせず、草の陰に消えてしまいました。仲間や巣を探し回っているアリのことを思うと泣いてしまいます。

農家には「アリんこはその辺に捨てなよ」と言われました。毎週、野菜の中にアリがいないか確認して買ってくるしかないのか悩んでいます。

回答　その思いやりを待つ人がいます

ふーん、やさしいんですねえ。殺生をしたくないんですねえ。

とはいえ、あなたは肉も魚も食べませんか？　いずれ生命になる卵も食べませんか？　どこかの高僧のように、蚊が刺したらそのまま血を吸わせてやりますか？　ハエを追ったりしませんか？　ゴキブリを養いますか？　最近問題の外来生物、毒性のあるヒアリを見つけても庭に放してやりますか？　自分ちの床下に白アリがついたら、柱を食われるままにしておきますか？

あなたはどこかで無意識・無自覚にこれ以上はアウト、と線を引いているはずです。それをふつう「ごつごう主義」といいます。ほんとうはアリんこ一匹のゆくえが気がかりな心やさしい私、に酔っているだけでは？　このお悩みの投稿で、「こんなにやさしい私」を世間にプレゼンする目的は果たしましたから、これでじゅうぶんでしょう。ミもフタもなく言ってしまえば、回答はここまで。

あなたが「やさしい」ままでいられるのは、見ないですむものを目の前で見ずにいられるから。食肉処理場で、「やめて～」と泣いて止められますか？　デング熱を媒介する蚊を消毒して処分する保健所員のニュースを、「蚊がかわいそう、蚊に罪はないのに」（たしかにその通りですが）と抗議しますか？

人間は殺生しながら生きている動物です。そのおかげであなたの生命があり、未来の生命もあります。人間は罪を犯して生きています。そのためにあるのが宗教というもの。アリんこを殺すときに「なんまんだぶ」と唱え、蚊をたたくたびに「アーメン」と祈る。ひとりでやるのがイヤならカトリックの神父に「今週、私はアリんこを三匹殺しました」と告解して、主に祈りを捧げて許してもらいましょう。神も仏も信じないこの私にしてからが、魚や肉を食べるときには思わず「成仏せえよ」と唱えています。

あなたの家に運ばれてきた野菜のアリには、それがアリんこの運命と観念してもらいましょう。虫がついているのは無農薬の証拠。品質保証の印と思って、ありがとうね、と感謝してあとは彼らの運命に委ねましょう。あなたがアリんこの運命に涙する愛情豊かなお人柄であることはわかりましたから、その愛情や思いやりを無駄遣いせずに、もっと優先順位の高いところに使いましょう。世の中にはあなたの思いやりを待っている（人間の）子どもたちやお年寄りがたくさんいます。

51　友人への気持ちを何と呼ぶ？

相談者　男性　二〇代

二〇代男性です。こんなささいな悩みはお門違いかもしれませんが、ぜひ聞いてみたいことがあります。

私は今年社会人となったばかりで、入社直後は慣れない環境でストレスを抱えていました。そんな時、友人に相談して非常に助けられたことから、そうした友人たちに非常に感謝し、彼らとの友情を大切なものだと思いました。この時、私は彼らを心から「愛している」と思ったのですが、後から思うとどうも感覚と言葉がしっくりかみ合っていない気がしました。

もちろん恋愛感情はありませんし、友人愛という言葉はあるのですが、彼らを○○しているという形で表現しようと思った時、うまく言葉にできません。「好き」

気がします。

「好ましく思う」という表現も、単純な好き嫌いの問題ではないので違うような
　私が実際彼らに感じたのは、相手への尊敬であり、親身になってくれたことへの感謝であり、そうしてくれる彼らの善性を尊く美しいものだと思うことです。
また同時に彼らのような良き友人に自分なりに尽くしたい、力を貸してあげたいという使命感、友情全般に対する忠誠心のようなものも感じました。
　これらの気持ちを同時に抱えているのですが、これらを表現するためにはやはり「愛している」という動詞を使うしかないのでしょうか。

回答　「愛している」の内容を具体的にすると……

こういう質問、「悩みのるつぼ」向きですねえ。どうでもよいけど、ご本人にはどうでもよくない「不要不急」な悩み。好きです。

ことばは生《なま》もの、変化します。日本人はこれまでめったに「愛する」って口にしなかったものですが、英語圏に行くと、「スウィーツが大好き」とか「あなたと映画に行きたい」とか表現するのに、ラブという動詞が多用されます。安売りされすぎて、値打ちが下がるぐらいです。

人によっては、生涯「愛してる」とは言わないくらい、愛ということばを出し惜しみするひともいますし、毎朝「愛してるよ」と妻に言うだけで妻の不満が収まるならお安いもんだ、いくらでも言ってやらあという男性もいます。

その昔、「同情するなら金をくれ」というせりふがありました。女性の中にも「愛してる」と言われたら、何してくれるの？　キスしてくれるの？　バッグ買ってくれるの？　旅行に連れて行ってくれるの？　結婚してくれるの？　と「態度で示してね」と言うひともいます。

日本語には友情ということばもありますから、友情でもいいんですが、あなたの気持ちはとうていそんなところには収まらないんですね。でも「彼らを愛してる」と日記に書くのはいいですが、相手に言わないほうがいいですよ。なぜって、「愛している」というこなれないこの翻訳語は、ひとによって意味が違いすぎるので、聞いたひとにあらぬ誤解を与える恐れがあるからです。それより、あなたの「愛している」の内容をもっと具体的にブレイクダウンして示しましょう。

「もしキミがボクと同じような窮地に陥ったら、キミがしてくれたようにボクもするつもりだよ」「おカネに困ったらいつでも貸してあげるよ」「食い詰めたら遠慮なくボクを頼ってきていいよ」……。こんなふうに具体的にあげていくと、あなたの「愛」にも限度があることがわかるでしょう。おカネを貸してあげたいけど、返済を当てにしないで貸せる額は一〇万円までだとか、しばらく家に居候するのはいいけど、ずっと居着かれたら困るとか。

愛は無限ではありません。あなたのお友達にであれ、誰に対してであれ、ひとに「愛している」という時には、ちょっと待った方がよいですね。そしてどこまでを自分が相手に提供できるのか、具体的に検討してみてください。誰かから同じことを言われた逆の場合にもね。

あとがき

朝日新聞連載の「悩みのるつぼ」の回答集、『身の下相談にお答えします』もついに三冊めになった！

「悩みのるつぼ」は土曜版beの後ろから二面目の掲載、日本経済新聞の伝説的連載小説、渡辺淳一の「失楽園」が「日経を最終面から読ませる」と言わしめたが、朝日の読者も土曜版は後ろから読むというほどの人気連載だ（そうだ）。

一冊に五〇本、三冊で一五〇本、四週間に一回まわってくる順番だから五〇本で約四年、一五〇本で約一三年。朝日新聞土曜版beでこの連載がスタートしたのは二〇〇九年だから、一三年も続く長期連載となった。

一冊目は『身の下相談にお答えします』、なぜって四人の回答者のうち、なぜだかわたしのところには下ネタ系が集まってきたからだ。二冊目は『ま

た　身の下相談にお答えします』、帯には「ますます磨かれる回答芸」とある。今度の三冊目は『まだまだ　身の下相談にお答えします』。後になるほど、ご指名の相談が増えた。キャバクラの指名ホステスのような気分だ（笑）。スタート時の回答者は、車谷長吉《くるまたにちょうきつ》さん、金子勝さん、岡田斗司夫さん、それにわたし。車谷さんが降りて美輪明宏さんが入り、金子さんから姜尚中《カンサンジュン》さんにバトンがわたり、岡田さんの後に清田隆之さんが入るなど次々に入れ替わり、わたしが最初から残った最古参の回答者である。幸いに評判がいいんだとか。担当編集者も中島鉄郎さんから坂本哲史さんへ代わって二代目になった。

身の上相談は大人気である。世の中はそんなにお悩みにあふれているのだろうか。そういえば、しだいに生きづらい世の中になってきているような気がする。媒体もいろいろ、それぞれキャラの立った人物が回答者を務めている。毎日新聞には高橋源一郎さん、西日本新聞では伊藤比呂美さん、「サンデー毎日」では中村うさぎさんとマツコ・デラックスさんのコンビで。AERAdot.ではエッセイくらいの長さの鴻上尚史《こうかみしょうじ》さんの「ほがらか人生相談」が人気を集めている。

こちらも次々に単行本になって、一冊目が『鴻上尚史のほがらか人生相談 息苦しい「世間」を楽に生きる処方箋』、二冊目が『もっとほがらか人生相談』、三冊目が『ますますほがらか人生相談』だった。それで「ますます」じゃなくて、「まだまだ」にした。

作曲家、團伊玖磨《だんいくま》さんのエッセイ『パイプのけむり』は一九六四年から二〇〇〇年まで三六年にわたって続いた超長期連載、単行本は計二七冊にのぼっている。一冊目が『パイプのけむり』、二冊目が『続パイプのけむり』、三冊目が『続々パイプのけむり』、そこからが『又パイプのけむり』『又々パイプのけむり』『まだパイプのけむり』『まだまだパイプのけむり』……やがて『ひねもすパイプのけむり』『よもすがらパイプのけむり』『明けてもパイプのけむり』『暮れてもパイプのけむり』、そして最後は『さよならパイプのけむり』と来る。でもこの嫌煙のご時世にこれだけ「パイプのけむり」にとりまかれたら迷惑だ(笑)。題名をつける編集者も苦労したことだろう。わたしも次のタイトルを考えておこうかしらん?

いつも思うのは「悩みのるつぼ」というネーミングのセンスとコンセプトのおもしろさだ。だいたい名前からしてふざけているから、ここには生きるの死ぬのという深刻な悩みは、めったに来ない。そういうお悩みには姜尚中さんのような人生の悲嘆をなめ尽くしたようなまじめな回答者が答えてくれる。誰かにガツンと叱ってもらいたい、と思う向きには、美輪明宏さんがぞくぞくするような高ビーな回答を返してくれる。ああでもないこうでもないと優柔不断なお悩みには、清田隆之さんがお悩みの筋道を腑分けして納得のいく選択肢を示してくれる。それに四人のキャラの違う回答者が持ち回りなのも、いいんだと思う。担当編集者が絶妙な配当をしてくれている（らしい）。

わたしが好きなのは「不要不急」のお悩み。え、こんなことがお悩みになるのぉ？　というのに答えるのがおもしろい。でもね、ご本人にとっては切実なのだ。

お悩みの回答者は、相談者にだけ向けて語っているわけではない。一対一のカウンセリングルームじゃあるまいし、相談者にとっても、そもそも公開の場に自分のお悩みを持ち込んだ時点で、匿名性はあっても、秘匿性はなくなっている。それどころか、ね、聞いて聞いて、こんなことに悩んでるボクってワタシって、ヘン？　と読者の共感を呼びたいのだと思う。回答の第一の宛先は相談者ご本人だが、それだけでなく第二の宛先は、それをはたからのぞき込む読者である。つまり読者にとっては、お悩み相談欄はエンタメなのだ。へえぇ、というお悩みに、あっという回答でうっちゃりを返す。最後にぐっと腹に落ちる。こんな芸が見せられたらイイね！　と思ってきた。なぜだか、いつも「怒る女」「こわい女」と世間で思われている上野が、ちょっといつもと違う顔を見せることができるのもうれしい。

お悩み相談は世間の移ろいを眺める窓。社会学には、「人生相談」を通して世相の変化やその時代の道徳観のありかたを調べる研究があるが、もっともよくとりあげられるのは、一九一四（大正三）年から一世紀以上続いている読売新聞の「人生案内」。長期にわたって継続しているだけでなく、データベースにアクセスしやすいのも研究者にとってメリットになっている。後輩の社会学研究者に言うのは、まちがっても研究対象に「悩みのるつぼ」を選ばないように！　ということだ（笑）。

人間の生きる欲には、食欲、性欲、睡眠欲……など、いろいろあるが、この連載がこんなに続いたのは「回答欲」をそそる相談が寄せられるからである。この「回答欲」ということば、担当編集者とわたしとのあいだのやりとりの隠語になった。「上野サンの回答欲をそそる相談があればいいのですが」とか。

坂本さん、これからも「回答欲」をそそる相談を廻してくださいね。あわててつけ加えておくが、やらせは一通もないそうだ。

三冊目を出してくださった矢坂美紀子さん、今度もありがとう。装丁は一冊目から軽快で洒脱なデザインを提供してくださった田中久子さんにお願いした。こちらもありがとう。

あ、大事なことを言うのを忘れてた。ユニークな相談をお寄せくださった相談者のみなさま、ありがとう！

二〇二二年　三度目のコロナの春に

上野千鶴子

まだまだ　身《み》の下相談《したそうだん》にお答《こた》えします　朝日文庫

2022年5月30日　第1刷発行

著　者　上野千鶴子《うえのちづこ》

発行者　三宮博信
発行所　朝日新聞出版
〒104-8011　東京都中央区築地5-3-2
電話　03-5541-8832（編集）
　　　03-5540-7793（販売）
印刷製本　大日本印刷株式会社

ISBN978-4-02-262066-8